Servizo de Publicacións
Universida de Vigo

Versos a ritmo de jazz

El jazz y la poesía española, 1920-1980

Edición
Universidade de Vigo
Servizo de Publicacións
Rúa de Leonardo da Vinci, s/n
36310 Vigo

Deseño gráfico
Tania Sueiro
Área de Imaxe
Vicerreitoría de Comunicacións e Relacións Institucionais

Maquetación e impresión
Tórculo Comunicación Gráfica, S. A.

Imaxe da portada
Adobe Stock

ISBN (Libro impreso)
978-84-1188-006-0

Depósito legal
VG 141-2024

Ao ser esta editorial membro da une, garántense a
difusión e a comercialización das súas publicacións no ámbito
nacional e internacional.

Servizo de Publicacións
Universida**de**Vigo

HR EXCELLENCE IN RESEARCH

Versos a ritmo de jazz

El jazz y la poesía española, 1920-1980

Autor

Antón García Fernández

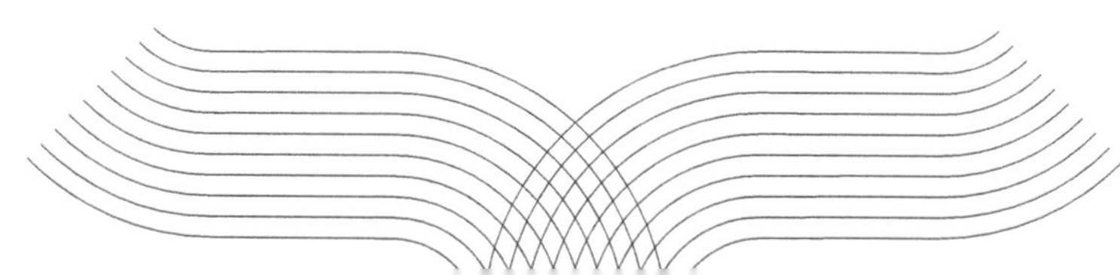

El jazz y los espacios entre las notas y los versos

Nun recanto da vida
Johnny Hodges reclama a mirada de
quen non cre nas intencións inocentes
dun saxo.
A través dos cristais opacos
a emoción perdida dunha muller sen roupa
desvía do seu labirinto
as testemuñas secas da dor ben coñecida.
The very thought of you pérdese sentimental
entre as sabas dun leito castigado polos fracasos.
ANTONIO GARCÍA TEIJEIRO. *Na agonía dos outonos en silencio*

Aunque, por una cuestión meramente cronológica, queda fuera de los parámetros temporales elegidos para el presente estudio, este poema representa a la perfección el contenido de muchas de las composiciones analizadas en las páginas que siguen. Es un poema en el que la voz poética reflexiona sobre diversos aspectos personales y vitales, en el que se dan cita imágenes que conectan lo íntimo con lo universal, y en el que los versos, en última instancia, están sugeridos por la escucha de una melodía jazzística, en este caso una interpretación del *standard* "The Very Thought of You" a cargo del saxofonista Johnny Hodges. Son palabras que remiten a una banda sonora. Son versos compuestos a ritmo de jazz. Y este poema en particular reviste una especial importancia para mí porque salió de la pluma de mi padre, Antonio García

Teijeiro, en cuya vasta biblioteca me acerqué de niño por primera vez a la poesía y en cuya ecléctica discoteca descubrí de adolescente el jazz.

Ahí precisamente—aunque yo no lo sabía entonces—se plantó la semilla que ahora germina en forma de este libro. Fue en un primer momento—lo recuerdo perfectamente—a través de dos discos: por un lado, el legendario concierto de Benny Goodman en el Carnegie Hall neoyorkino en 1938, un hito no sólo musical sino también sociocultural; y por otro, el álbum *Waltz for Debby* (1962), del pianista Bill Evans, con esa delicada melodía en clave de vals que le da título y que poco después escucharía también en la magnífica versión vocal de Johnny Hartman, con Hank Jones al piano. Esa música, tan diferente de lo que yo había escuchado hasta entonces, pero al mismo tiempo con ciertos elementos en común, supuso una revelación para mí que me resulta, décadas después de experimentar esa suerte de epifanía, poco menos que imposible de describir con palabras. Unir música y lenguaje verbal, tratar de explicar racionalmente a través de las palabras todo aquello que nos sugieren las notas que se escapan de los instrumentos y acaban disipándose en el aire pero que permanecen vivas en nuestra memoria no es tarea sencilla. Pero es lo que han tratado de hacer los poetas que se han inspirado en el jazz y que yo, con mayor o menor fortuna, estudio en esta obra.

Todo libro se debe necesariamente a múltiples otros libros que lo precedieron y sin los cuales nunca habría sido posible. Este volumen que tienen en sus manos empezó realmente a tomar forma hace aproximadamente una década, cuando cayó en mis manos un libro titulado *Fruta extraña: Casi un siglo de poesía española del jazz*, publicado por la Fundación José Manuel Lara en 2013, una valiosísima antología en la que Juan Ignacio Guijarro reúne una cantidad ingente de poemas de temática jazzística escritos en España a lo largo de casi cien años. No conozco en persona al antólogo, aunque el libro incluye una fotografía suya en blanco y negro en la que posa delante del cartel de un festival de jazz, pero le agradezco desde aquí su excelente trabajo, sin el cual mi estudio habría resultado si no imposible, al menos sí muchísimo más dificultoso. Basándome en los textos recogidos en esa antología, así como en otros procedentes de otras fuentes, me he propuesto, en las páginas que van a continuación, presentar una visión global de las huellas que el jazz dejó en la poesía española escrita entre los años veinte y setenta del siglo XX. Además de por cuestiones de extensión, he decidido concentrarme en ese período de más o menos medio siglo por razones de índole tanto histórica como literaria. Se trata de unas décadas que se inician con la llegada del jazz a Europa y que engloban acontecimientos históricos como la Guerra Civil Española, la II Guerra Mundial, la dictadura franquista o el incipiente regreso de la democracia tras la muerte de Franco en 1975. En lo referente a la poesía, son años que comienzan con las diversas corrientes vanguardistas y su celebración del jazz como un símbolo más de la modernidad y que se cierran con el importante influjo de los llamados *novísimos*, cuya concepción literaria marcadamente culturalista será fundamental para explicar la gran cantidad de poemarios articulados en torno al jazz que aparecerán a partir de los años ochenta. Es escasa la bibliografía existente sobre poesía española y jazz, por lo cual me encantaría que este estudio suscitase a su vez muchos otros que en un futuro lo completen y lo maticen, ya que sin duda hay muchos aspectos de la intersección entre poesía y jazz que inevitablemente quedan fuera de él.

A la hora de enfrentarme a la escritura de este libro, he tratado en todo momento de prestar la más cuidadosa atención a los textos comentados para ir delineando poco a poco las transformaciones que se operan en la imagen del jazz que van construyendo los y las poetas a través de sus versos, desde esa curiosidad moderna y casi exótica que era en la década de los veinte hasta esa música reverenciada por unos autores que cada vez la conocían con mayor profundidad en los años sesenta y setenta. Esta evolución de la presencia del jazz que se observa en la poesía española, por supuesto, es reflejo directo de la evolución que experimentó la recepción de esta música en España con el transcurrir de las décadas, y para poder comprender en su totalidad la complejidad de este proceso cultural, conviene fijarse tanto en las huellas del jazz en las composiciones poéticas como en los ocasionales silencios jazzísticos que se producen en ciertos momentos puntuales. En este sentido, el pianista de jazz estadounidense Ben Sidran reflexionaba en cierta ocasión sobre el hecho de que "el jazz no son las notas, sino el espacio entre las notas" (15-16) y añadía a continuación: "podemos enseñar las notas, pero no los espacios entre ellas. Algunos son largos y otros cortos. Unos y otros conforman un 'todo' dramática o infinitesimalmente único: tienes que aprender a utilizar el espacio para ti mismo. Y es entre las notas donde se vive la vida del jazz" (16). Algo semejante a lo que describe Sidran ocurre asimismo en la poesía, donde el ritmo no viene marcado solamente por las palabras, sino también por los silencios, por los espacios existentes entre ellas y entre los versos. Y es en esos espacios precisamente en los que se desliza el jazz en estos poemas, y a ese intersticio es necesario prestar la mayor atención, pues en él se dan la mano, casi sin que lo notemos a veces, el jazz y la poesía.

Finalmente, debo decir que este libro nunca habría podido escribirse sin la ayuda de ciertas personas cuyo apoyo ha sido fundamental para mí durante los muchos meses dedicados al estudio y a la escritura. De hecho, en muchos aspectos, casi podría decirse que esta obra es fruto de una especie de trabajo en equipo. Escribí casi todas las páginas que siguen a mano, en el porche delantero de mi casa en Jackson, Tennessee, y la asistente administrativa del departamento en el que doy clase en la University of Tennessee at Martin, Karli Elaine Smith, tuvo la inmensa amabilidad de escanearlas, lo cual no forma parte en realidad de sus ocupaciones en la universidad. Después, mi madre, María Jesús Fernández Domínguez, se encargó de pasar el manuscrito en forma de PDF a ordenador, convirtiéndose así en la primera lectora del libro. A ambas quiero darles las gracias por el papel que han jugado en el proceso material de creación de este estudio. Tanto mi madre como mi padre, Antonio García

Teijeiro, leyeron de manera crítica y con suma atención cada capítulo, y sus comentarios y sugerencias mejoraron inmensamente la versión definitiva del texto. A mi amigo, y en su momento también mi profesor en mis años de estudiante de filología inglesa hace ya mucho tiempo, Jorge Luis Bueno Alonso, le agradezco que, como director del Servizo de Publicacións de la Universidade de Vigo, mi *alma mater*, me haya ofrecido la oportunidad de convertir este proyecto en libro. Jorge es el ejemplo perfecto de que no es necesario viajar al otro confín del mundo para tener la suerte de encontrarse con algunos de los mejores docentes universitarios, y a ambos nos une nuestro amor por la literatura y por todo lo británico, así como el sufrimiento por la fortuna que corra el Real Club Celta de Vigo. Y, *last but of course not least*, todo mi afecto y mi más profundo agradecimiento a mi esposa, Erin Garcia-Fernandez, y a mi hija, Libby Garcia-Fernandez, porque son ellas quienes, con su sola presencia y apoyo constante, dotan de sentido no sólo a este libro sino a todo lo que hago. *P.S. I Love You*, que diría Johnny Mercer.

Jackson, Tennessee, enero de 2024.

Capítulo I
El jazz y las vanguardias poéticas españolas: Los años veinte y treinta

La historia del jazz es la historia de las grabaciones sonoras que han sobrevivido y que documentan sus inicios—al menos desde el momento en que las compañías discográficas se interesaron por realizar dichas grabaciones comerciales—, su desarrollo y sus transformaciones a lo largo del tiempo. Es la historia de los músicos que han creado este estilo, sí, pero es también la de quienes han recibido esta música y la han interpretado críticamente, escribiendo sobre ella, dividiéndola taxonómicamente en géneros, subgéneros y corrientes y promocionándola a través de aquellos medios que tenían a su alcance. Y es también —y esto es lo que nos interesa especialmente para la confección de este libro— la historia de quienes la han utilizado como motor de sus creaciones dentro de otros campos artísticos o quienes la han incorporado en el contexto de otras artes como la pintura, el cine o, en especial, la literatura. La historia de la relación que se establece a lo largo de buena parte del siglo XX entre el jazz y la poesía española tiene, como el propio jazz, sus inicios, su desarrollo y sus transformaciones, que tienen que ver con el contexto histórico, social, político, artístico y cultural en el que se inscribe. De todo ello nos ocuparemos en detalle en este estudio.

Ya desde los propios comienzos de su historia registrada fonográficamente (es decir, la segunda mitad de la década de 1910, coincidiendo con los últimos estertores de la I Guerra Mundial), el jazz tuvo una relación muy estrecha con Europa. No en vano, este primer conflicto mundial se estaba librando en una geografía europea, y en él tenían su protagonismo los Estados Unidos, país del que originalmente procede el jazz. De ahí que orquestas que interpretaban una música que ya entonces podía asociarse con el jazz, como la dirigida por James Reese Europe, entre otras, desembarcasen en tierras europeas durante los compases finales de la guerra, trayendo así esta nueva música a nuevas audiencias en países como Francia o Gran Bretaña, No son éstas las primeras bandas de jazz existentes, ya que la tradición de las *marching bands* de Nueva Orleáns se extienden y va evolucionando a lo largo del siglo XIX, relacionada además con otras expresiones musicales como el *blues*, el *ragtime* la música de los populares *minstrel shows*. Pero, como señala el crítico Ted Gioia, la mayor parte de estos músicos no tuvieron la oportunidad de realizar grabaciones o lo hicieron durante el ocaso de su carrera, lo cual dificulta que podamos valorar en su justa medida el talento musical que poseían y la influencia que realmente pudieron ejercer sobre músicos posteriores (36).

Tal es el caso de Buddy Bolden, cornetista que jamás grabó un disco pero que ha adquirido una reputación casi mítica dentro de la historia del jazz y que algunos han celebrado hiperbólicamente como inventor del estilo. O el de Freddie Keppard, cuyas grabaciones, pese a su calidad, tuvieron lugar hacia el final de su vida y únicamente nos permiten vislumbrar las capacidades musicales que debió de tener en el punto álgido de su carrera. Pero músicos como James Reese Europe o agrupaciones como la Original Dixieland Jazz Band, liderada por el cornetista Nick LaRocca, sí realizaron grabaciones comerciales y además gozaron de una innegable popularidad en Europa, presentando allí esta nueva y sorprendente música que, como suele ser el caso con cualquier novedad cultural, abrazaron muchos y defenestraron muchos otros. En términos cronológicos, suele decirse—y en algunos casos así es—que determinados movimientos artísticos o culturales llegan a España con un cierto retraso en comparación con otros países europeos. Sin embargo, no es posible defender esto mismo en lo que respecta al jazz, que arribó a los núcleos urbanos de Madrid, Barcelona o San Sebastián más o menos de forma coetánea a su penetración en otras urbes europeas como Londres, París o Berlín. Así pues, Jordi Pujol Baulenas relaciona la llegada del jazz a Barcelona con la entrada masiva en la ciudad de todo tipo de refugiados que trataban de escapar del conflicto bélico y ampararse en el carácter neutral de España. Los estrechos vínculos culturales entre Barcelona y París también tuvieron su importancia en este sentido; según este autor: "Fue en los albores de 1919 cuando en Barcelona se empezaron a tener noticias de la sensación y el entusiasmo que en los music-halls y dancings *à la mode* de París venían generando las jazz-bands. Orquestas formadas habitualmente por seis u ocho músicos negros norteamericanos que practicaban una música sincopada y 'pintoresca', completamente desconocida para los europeos" (19). Es importante subrayar que 1919 es justo después del armisticio y solamente dos años escasos después de las históricas grabaciones que la Original Dixieland Jazz Band realizó en 1917, títulos de la importancia de "Tiger Rag" o "Livery Stable Blues" que muchos críticos consideran como los primeros registros fonográficos de la historia del jazz.

En el caso de San Sebastián, en su excelente estudio sobre los orígenes del jazz en dicha ciudad de tanta tradición jazzística, Patricio Goialde Palacios también fecha las primeras manifestaciones de esta música en Donostia alrededor de 1919 con ocasión de la Marcel's American Jazz Band, y señala que el jazz llega a través de una doble vía:

Esta música llegó a través de dos vías diferenciadas: por un lado se trasladó al verano de la ciudad buena parte de las nuevas costumbres que hacían furor en los dos centros urbanos mencionados [Madrid y Barcelona], entre ellas los nuevos bailes y la música de jazz; es frecuente encontrar grupos que trabajaban en la temporada de invierno en algunas de estas dos ciudades y que luego se desplazaban a la capital donostiarra durante los meses estivales ... Por otro lado, la ciudad tuvo una vía de entrada directa del jazz desde París, a través de los numerosos visitantes franceses y también de Biarritz, una ciudad cercana que jugaba un papel similar al de Donostia, como lugar de ocio y veraneo, con la que fueron muy habituales los contactos e intercambios, así como los movimientos de turistas (32).

Otra cosa muy distinta es que lo que interpretaban estas orquestas que se presentaban en diversas ciudades españolas a partir de la década de 1920 pueda llamarse jazz con total propiedad. En general, sus repertorios mezclaban los nuevos ritmos norteamericanos con otros géneros como el tango, el bolero, la rumba o la música de las orquestas *tziganes* de enorme popularidad en Francia. Además, el jazz se percibía en estos momentos iniciales sobre todo como música de baile que los más jóvenes no tardarían en adoptar, y en este sentido aparece amalgamado con todo tipo de bailes considerados exóticos, como el *fox-trot, el cakewalk, el one-step, el shimmy, el black bottom* o *el charlestón*. El hilo conductor entre todos ellos son los ritmos sincopados, el estruendo de las interpretaciones musicales y el desenfreno de los que practican el baile, pero cuando se leen con atención los textos periodísticos o literarios producidos en los años veinte que mencionan el vocablo *jazz*, resulta difícil dirimir hasta qué punto se refieren realmente al jazz o a cualquier otro estilo musical o paso de baile. Así, en su popular novela *Fútbol... jazz-band* (1924), Rafael López de Haro describe de forma vívida y humorística una escena de baile cuya banda sonora corre a cargo de una de estas orquestas modernas de jazz:

Los jazz-band metían ruido, un ruido cafre, caníbal, ritmado brutalmente. Había entre ellos un tío sentado ante un bombo en el que se insertaban unas tabletas, unos platillos, unos hierros, unas cajas, un klaxon, un pandero de húngaros, unos cascabeles, una cuerna de caza, unos calderos de cobre, unos cencerros. El tío aquel, mediante palillos, mazos y pedales, hacía sonar su heterogénea batería furiosamente. Otro, con una flauta de pistón, modulaba una cosa entre silbido y aullido; y por si era poco, el individuo del violín andaba entre la gente lanzando graznidos y haciendo piruetas mientras manejaba el arco como un serrucho. A semejante conjunto de estridores, trompetazos y gañidos se llamaba *sinmy* (*sic*) (29).

El narrador se acerca a esta música tomando una distancia prudencial, como si estuviese describiendo algo desconocido que le parece sorprendente y que a la vez lo atrae y le provoca repulsión. Primará esta última visión cuando, en consonancia con el título de la novela, compara estos nuevos bailes con el fútbol, otro espectáculo de masas que por aquellos años estaba incrementando su popularidad a marchas agigantadas, ya no sólo en España, sino en Europa y el resto del mundo:

Existe una relación notoria entre el fútbol y estos bailes de ahora. Como en el *stadium*, en el *danzing* (*sic*) todo es pedestre. La importancia y el mérito residen, no más, en las extremidades inferiores—en lo que más se parece el hombre a los irracionales—, que actúan con independencia como si a ellas hubiesen descendido la inteligencia y la sensibilidad. Idilio de juanetes y de tobillos, armonía de corvas, trenzado de peronés, jugueteo de talones. He ahí un *fox*. De rodillas arriba lo que sucede no tiene importancia. Cuando más un aleteo de pavipollos. Bien mirado, este sistema de baile, tan sospechoso en apariencia, es de una castidad inerte: se ha conseguido polarizar los erotismos en el dedo gordo: son los dedos gordos los que se buscan y se evitan como ratas en celo, sobre la brillante superficie del *parquet*. Sólo así se explica que un hombre y una mujer puedan bailar durante toda una larga velada sin cometer una locura. Descarga a tierra el amor. Los bailarines, rendidos, agotados, se separan honestos: sólo sienten un cierto hormiguillo en las plantas de los pies. ¡Oh sabia y morigerante importación del *sinmy* (*sic*) y del fútbol! El pecado no existe, todo se reduce a un mayor consumo de saltratos y de *corn plasters*" (29-30).

Queda claro con la simple lectura de este texto de López de Haro que, al igual que ocurriría posteriormente con otras innovaciones musicales como la que introduciría el rock and roll en las décadas de los cincuenta y sesenta, una de las mayores y más recurrentes críticas vertidas contra el jazz en los años veinte tiene que ver con la percepción de muchos críticos de que era un estilo que sólo producía ruido, una suerte de anti-música sin valor que se caracterizaba por el estruendo infernal que resultaba insoportable para quienes disfrutaban con formas consideradas más agradables para el oído como el vals o el minuet. En este sentido, no es casual que López de Haro se fije en especial en el papel que en la orquesta juega un instrumento exótico y casi esperpéntico como es la batería, descrita a menudo como el epicentro de la orquesta y como el origen de ese ruido ensordecedor. No en vano, además de los típicos tambores, bombos y platillos, las baterías de la época estaban provistas de todo tipo de artefactos muchas veces cacofónicos—cencerros, cláxones, silbatos, etc.—que el músico accionaba aparentemente con la intención de subrayar ciertos momentos de la pieza a través de un sinfín de sonidos estruendosos. El batería solía ser una suerte de *showman* que acaparaba gran parte de la atención del público con sus gestos y malabarismos musicales, hasta tal punto que no resulta extraño que la batería se convirtiese en sinónimo de esta nueva música. Así, en muchos textos escritos en estos años iniciales de popularidad del jazz en España, el término *jazz-band* no tarda en adquirir un sentido polisémico: se refiere a la vez a la orquesta que interpreta la nueva música, al estilo musical mismo independientemente del contenido jazzístico que tuviese e incluso, por extensión, a la propia batería, instrumento que se convierte en sinónimo de estos ritmos exóticos procedentes de Norteamérica. Este curioso fenómeno lo explica de manera más pormenorizada Goialde Palacios:

Literalmente, *jazz-band* significa "grupo de jazz"; no obstante, durante estos años de introducción del jazz en Europa se produjo una curiosa sinécdoque, por medio de la cual se aplicó esta denominación, que debería servir para designar al conjunto de la agrupación, de una manera restringida, refiriéndose únicamente a uno de los intérpretes—el baterista—y al instrumento que tocaba—una especie de batería, con un gran bombo y multitud de artilugios de percusión anexos al mismo—. ... Si se tiene en cuenta que la aparición de la batería estuvo asociada al inicio de la música de jazz, que fue la responsable de su popularización, no resulta extraño este desplazamiento semántico, que tendía a identificar la nueva música con su instrumento más representativo, hasta el punr=to de que la mera presencia de la batería acabó siendo un elemento suficiente para denominar a cualquier grupo como *jazz-band* (33).

Además de este curioso fenómeno semántico y de la asociación del jazz con el ruido y lo cacofónico, en estos primeros años de introducción del jazz en Europa, la nueva música es inseparable de los novedosos y exóticos bailes que la acompañaban y que aportaban una dimensión visual, tachada en muchos casos de innecesariamente lasciva e inmoral. Se trataba de bailes caracterizados por todo tipo de contactos que buscaban reproducir físicamente los ritmos sincopados de la música y que tenían nombres anglófonos como *shimmy*, *cakewalk*, *charlestón*, *black botton* o *fox-trot*. Entre todos ellos, como señala Jordi Pujol Baulenas en su monumental estudio acerca de los inicios del jazz en Barcelona, el fox sería el que mayor éxito tendría y el que se convertiría casi en sinónimo de jazz, de nuevo con independencia del contenido jazzístico que tuviese la música interpretada por la orquesta de turno:

Se hablaba de jazz, y aunque muchos opinaban sobre él, la realidad era que su aténtico espíritu era todavía un valor desconocido para la mayoría de los músicos, los críticos y para el gran público. Lo que de hecho atraía de la música del jazz-band era lo superficial y lo externo, y fue gracias a su natural vinculación con el foxtrot, el baile que tipificaba los ritmos sincopados del jazz, que se hizo cada día más popular. (25).

Pujol Baulenas reproduce a continuación unas palabras del célebre compositor W.C. Handy según las cuales el nacimiento del jazz y su primer desarrollo estuvieron estrechamente ligados con el foxtrot y que confirman la idea de que en sus inicios "el jazz era considerado básicamente un tipo de música para bailar" (25). Y efectivamente, desde sus orígenes en ciudades como Nueva Orleáns, Chicago o Kansas City, el jazz fue recibido como música de baile, y esto no resultaría diferente tras su introducción en Europa. Así, la mayor parte de los textos periodísticos que encontramos en los años veinte que lo mencionan invariablemente lo relacionan con la danza, la diversión y el mundo nocturno urbano, localizándolo en todo tipo de cafés y *dancings*, algunos de clase alta y otros de más dudosa reputación, y asociándolo con el ruido ensordecedor que sorprendía a quienes lo escuchaban. Todo esto se refleja también en una gran mayoría de los textos literarios de la época en los que empezó a deslizarse el jazz, que dejan clara la fascinación que ejerce en algunos autores y el rechazo frontal que provoca en otros. Como veremos, son los miembros de las diversas corrientes vanguardistas quienes tratan el jazz con mayor asiduidad en sus textos—y generalmente en composiciones poéticas—, celebrándolo a menudo como una novedad musical y cultural ligada a la modernidad y al progreso tecnológico. Muchos de estos poetas aplauden el desenfreno y el sentimiento liberador y casi catártico de esta nueva música, pero la mayor parte de ellos dejan en evidencia ese profundo desconocimiento sobre la historia y los fundamentos musicales de este estilo al que anteriormente aludía Pujol Baulenas.

Un claro ejemplo de esto lo conforma "Jazz-bandismo", un texto que Ramón Gómez de la Serna incluyó en su libro *Ismos* (1931) pero que había escrito al menos dos años antes, en 1929, y que ya había aparecido en dos entregas *en La Gaceta Literaria* en el mes de febrero de ese año. Aunque no se trata de un texto poético, sino más bien de una suerte de ensayo un tanto improvisado y con una escasa base teórica, conviene prestarle atención aquí porque refleja aproximadamente el mismo tipo de contenido que encontraremos en muchos de los textos poéticos vanguardistas de los que nos ocuparemos a continuación. Además, la originalidad lingüística que suele caracterizar los textos del autor de las greguerías por momentos acerca algunos pasajes de "Jazz-bandismo" más a la prosa poética que al ensayo. El origen de este texto hay que buscarlo en la proyección, en enero de 1929, en el madrileño Cineclub Español, de la película *The Jazz Singer* (*El cantor de jazz*, de Alan Crosland, 1927), una cinta norteamericana protagonizada por el entonces popular cantante Al Jolson. La película en sí misma es notable, tanto por la mención al jazz en su título como por la modernidad tecnológica que supuso, ya que se promocionó en todo el mundo como la primera película sonora de la historia del cine. En realidad, esto no es exacto, pues *The Jazz Singer* es más bien lo que se conoce como un *part-talkie*, una película muda que contiene ciertas partes habladas y, en este caso, cantadas por Jolson, que en sus años de mayor popularidad se presentaba como "el *entertainer* más grande del mundo".

Tecnicismos aparte, la película supone un ejemplo más de la modernidad tecnológica con la que también se asociaba en la época el jazz, y su presentación a cargo de Gómez de la Serna en el cineclub se convertiría en un artículo para *La Gaceta Literaria* y acabaría conformando uno de los capítulos del volumen *Ismos*. En este libro se dan cita una serie de escritos sobre literatura y arte en general, redactados en un tono ligero y humorístico, y todos ellos referentes a ciertos *ismos*, algunos de ellos ya existentes (cubismo, humorismo) y otros acuñados para la ocasión por el propio autor (klaxismo, sobre las bocinas; botellismo, sobre las botellas; charlotismo, sobre el actor Charles Chaplin y su personaje Charlot); entre este segundo grupo de neologismos inventados, por supuesto, encontramos el jazz-bandismo. Pero ya desde las primeras líneas del texto queda claro que Gómez de la Serna no tiene intención alguna de adoptar el punto de vista crítico de un musicólogo o de un historiador de la música. No podría ser de otro modo, ya que carece tanto de la perspectiva histórica como, con toda probabilidad, de los conocimientos teórico-musicales para ello, y por tanto, prefiere realizar un acercamiento puramente psicologista y sensorial a lo que le sugiere la experiencia de ver y escuchar a una orquesta interpretando jazz o algo semejante en los cafés de las noches madrileñas. Nada tiene, por ejemplo, que teorizar sobre los orígenes de esta nueva música. "¿Fecha de nacimiento del jazz? ¿Qué importa el origen si se ha adaptado a la época y ha roto la enervadora música de los halagos mustios?" (178). Gómez de la Serna desecha un análisis histórico de la por entonces todavía joven música de jazz en favor de una celebración de las transformaciones sociales y culturales que su aparición conlleva, del elemento de ruptura con el *status quo* cultural del momento que él aprecia en el jazz. En este sentido, esta música se presenta en el texto, en repetidas ocasiones, como ejemplo y epítome de la modernidad, relacionado íntimamente con avances tecnológicos como la construcción del Canal de Panamá o con el fútbol, que se estaba convirtiendo ya en uno de los espectáculos deportivos de masas por excelencia. Esta será una idea recurrente en muchos de las composiciones poéticas contemporáneas de los autores ligados a las diversas corrientes vanguardistas.

Para Gómez de la Serna, el objeto principal del jazz es "sacar el mundo a la superficie" (181), pues desde su punto de vista, este estilo musical es reflejo de esa vida moderna a la que acompaña como una suerte de banda sonora. A juicio del autor, la razón de ser del jazz puede resumirse en "sincopar con sus notas la evolución de la vida contemporánea y ser el estimulante que nos arranca de los mareos de la circulación y la vorágine" (181-182). Sus ritmos vertiginosos se asocian aquí al mecanicismo y a la velocidad que caracterizan a la vida moderna que ya Ezra Pound, entre varios otros, había retratado poéticamente en composiciones como "In a Station of the Metro" (1913). De nuevo, esta es una idea que reaparece una y otra vez en muchos poemas vanguardistas, que relacionan el jazz con la velocidad y el sonido de los automóviles y otros medios de transporte o con el ajetreo de la vida cotidiana en el medio urbano que tan bien refleja el director Rouben Mamoulian en las escenas iniciales de su película musical *Love Me Tonight* (1932). Gómez de la Serna identifica el jazz con el presente más inmediato, llegando a afirmar de manera hiperbólica que no se trata sólo de que forme parte de la vida moderna, sino que más bien engloba y contiene en su seno todo lo que de modernidad existe en la realidad circundante. "Todo el desplante de la vida moderna, con su particular meningitis bien soportada, tiene entrada en el jazz" (183), se explica en "Jazz-bandismo", y por ello, no resulta extraño que el autor no muestre interés por indagar en su historia, ya que, según sus propias palabras, "no es lo principal del jazz su historia ni sus razones, sino su sinhistoria y sus sinrazones, y una cosa valiosa sobremanera, 'que es simpático'" (182). Es decir, el jazz no es más que una curiosidad, una extravagancia de la vida moderna, y por ello, la visión que de esta música nos ofrece Gómez de la Serna es eminentemente psicologista, desprovista de una teoría bien articulada y basada únicamente en los sentimientos y reacciones casi instintivas que provoca en el receptor. En otras palabras, prefiere centrarse en sus sinrazones que en sus razones, haciendo a un lado cualquier tipo de acercamiento racionalista o teórico al nuevo estilo y favoreciendo una lectura de tipo casi exclusivamente sensorial. Por supuesto, el mayor problema que dicha óptica conlleva es que presenta al jazz como una música irracional, lo cual resulta particularmente atractivo desde un punto de vista literario—y este será un elemento que explotarán muchos de los poetas vanguardistas—pero no se ajusta a la realidad de lo que la música es. "En el jazz-band", continúa el autor, "está la chacota de la vida moderna, su absurdidad, su incoherencia, su deseo de jolgorio continuo" (185). Gómez de la Serna insiste aquí en lo que los sonidos del jazz, a veces bulliciosos y cacofónicos, le sugieren sensorialmente. Pero el jazz, como cualquier otro estilo musical, dista mucho de ser sólo sentimiento, e incluso su estructura improvisatoria, lejos de ser irracional, suele seguir unas pautas predeterminadas y profundamente racionales, y esto es algo que, como muchas otras cosas, se le escapa a este escritor en su acercamiento al jazz.

Además, su negativa a trazar una perspectiva histórica sobre los orígenes del jazz, lo conduce a dibujar una visión casi panculturalista de esta música, algo que se aprecia con especial claridad en el siguiente párrafo, en el que Gómez de la Serna evidencia que no le interesa una apreciación historicista sobre el jazz:

Yo creo que podemos dejar a un lado, por inútiles al secreto de su hilaridad, los antecedentes afroespirituales y plásticos de esta música. Allá los críticos musicales y su historiografía con ellos. Nosotros hemos encontrado otra cosa en el jazz, y esto es lo que nos interesa en sus notas. En los *spiritual* afroamericanos nosotros hemos encontrado otra cosa, y esa es la que rueda a nuestra vista. ¿Qué más nos da, en cuanto a su origen, que el *babalnaije* coincida con nuestro espíritu de zambra bulevardiera? ¿Qué más nos da, también, que los *blues*, que significan tedio y aburrimiento angustioso africano, coincidan con los *blues* de nuestra vida europea? Son nuestros, por otras razones que son de ellos. Al *blue* titulado *Tristeza de la tabla de lavar* corresponde nuestro *blue Tristeza de la cuartilla en blanco.* (179-80)

Con su típico tono humorístico y ocurrente, el autor preconiza aquí una visión autológica de lo que es el jazz, tratando de conciliar los elementos afroamericanos con los europeos y señalando posteriormente que en el nuevo género musical llegado del otro lado del Atlántico podemos vislumbrar elementos de la música barroca o del vals. De esto no cabe duda, pero a partir de sus palabras resulta evidente que no está interesado en un análisis teórico, histórico o musicológico: para él, el jazz será aquello que el oyente crea escuchar y descubrir en él y se erigirá siempre en estandarte y vehículo de la modernidad, razón por la cual lo aplaude sin reservas, pero también sin analizarlo demasiado. De hecho, ese blues titulado "Tristeza de la tabla de lavar" que pone como ejemplo para después dar lugar a un cómico juego de palabras ni es realmente un blues ni fue compuesto por un músico afroamericano, sino que bajo el título original de "Washboard Blues", es obra del pianista y compositor blanco Hoagy Carmichael y lo grabó, entre muchas otras versiones posteriores, la orquesta de jazz sinfónico del también caucásico Paul Whiteman. Sólo en algún momento puntual parece que Gómez de la Serna desea adoptar una visión levemente teórica: cuando clasifica los instrumentos empleados en el jazz en dos grandes grupos, que son los de percusión o batería y los de viento. Esperamos entonces una taxonomía razonada de dichos instrumentos musicales, pero la teoría pronto se desvanece, y al describir el segundo grupo, los de viento, el autor regresa rápidamente al terreno de lo sensorial, afirmando sinestésicamente que estos instrumentos "son la imagen de la voz del negro, es decir, glisantes, ligeros, extrañamente dulces" y presentando la interacción entre ambas secciones instrumentales como una "perpetua conversación" (186). Pura greguería ramoniana, como no podía ser de otro modo, claro.

Pero, pese a las contradicciones, las lagunas, el tono marcadamente lúdico y la visión sobre todo psicologista de "Jazz-bandismo", ¿por qué resulta tan importante y revelador el texto de Gómez de la Serna en el contexto que nos ocupa? En primer lugar, porque nos lleva a reflexionar sobre el contexto musical en el que este escritor y los demás poetas vanguardistas de las décadas de los veinte y treinta que vamos a comentar a continuación recibieron el jazz y lo reflejaron en sus obras. Es decir, ¿qué tipo de jazz es el que suscita estas reflexiones de Gómez de la Serna y la producción poética que nos atañe en este libro? En este momento histórico, que coincide aproximadamente con la primera década y media de existencia del jazz grabado en los surcos fonográficos, el jazz era en realidad una amalgama de ritmos sincopados de origen afroamericano que iban del *ragtime* al *foxtrot*, pasando por muchos otros de denominaciones igualmente exóticas, y que, como ya se ha señalado, se encontraban íntimamente relacionados con el baile. Al contrario que en la actualidad, cuando el jazz se ha convertido en una música "seria" y "respetable", en algunos casos para ser disfrutada por una élite cultural o para estudiarse en las universidades como una suerte de música clásica procedente de Norteamérica, en la época de Gómez de la Serna y de las vanguardias el jazz era una novedad, una curiosidad, y se veía como música moderna fundamentalmente destinada al baile y a la diversión nocturna. Así, "Jazz-bandismo" cita a las populares bailarinas Gaby Deslys y Joséphine Baker, y describe repetidamente la música en relación íntima e indisociable con el baile, como harán también una multitud de poetas vanguardistas. Además, pese a que esta nueva música solía identificarse con lo afroamericano, los ejemplos de jazz que pone Gómez de la Serna en su texto denotan que el acceso del autor a este estilo musical tiene poco que ver con el jazz que interpretaban en los años veinte los músicos afroamericanos en Nueva Orleans y está mucho más determinado por las orquestas de baile europeas—menciona, por ejemplo, al británico Jack Hylton, cuya banda debió de tener oportunidad de ver en directo—y por el llamado *jazz sinfónico* de Paul Whiteman, cuya piel era tan blanca como sugiere su apellido y cuya mastodóntica orquesta conoció un enorme éxito en la América anterior y posterior a la caída de la Bolsa en Wall Street, llegando a ser la formación que estrenó la famosa "Rhapsody in Blue" de George Gershwin en el Aeolian Hall neoyorkino en 1924.

Por otro lado, pese a sus evidentes limitaciones y sesgos interpretativos, "Jazz-bandismo" refleja asimismo los intentos, que veremos también en otros poetas, de capturar a través del lenguaje la excitación que provocaba en el oyente esta nueva música y los sorprendentes e inesperados sonidos de la misma. Estamos ante un texto en prosa, sí, pero sus elementos poéticos son innegables al recurrir el autor a una infinidad de metáforas, a numerosas onomatopeyas, a juegos rítmicos y sonoros o a expresiones que a veces rayan en lo aforístico y que, inevitablemente, nos remiten a sus greguerías. Así, por ejemplo, al hablarnos de una orquesta de jazz que ha tenido ocasión de ver actuar en vivo, señala que los músicos "saxofonizaban bailando, porque la música de jazz es traslaticia y escéptica" (194) y describe a uno de los instrumentistas (probablemente el batería) como "el que pisa las bocinas que gritan como perros a los que ha pillado el tranvía" (190). Los ejemplos similares que podrían ponerse son innumerables y revelan que Gómez de la Serna experimenta aquí con el lenguaje de una manera similar a cómo un músico de jazz experimenta con las notas, los ritmos, las progresiones de acordes, los tonos o las síncopas. Y como comprobaremos a continuación, todos estos elementos y muchos otros se dan cita también en aquellas composiciones poéticas de autores adscritos o no a las diferentes corrientes vanguardistas contemporáneas a Gómez de la Serna en los cuales se desliza, en mayor o menor grado, la música de jazz.

Y si el jazz es universalmente reconocido por los poetas españoles de los años veinte y treinta como sinónimo de modernidad, su característica externa más impactante es, como ya se ha mencionado, el ruido, un aspecto que atrae a muchos y causa repulsa en muchos otros pero que es comentario prácticamente ineludible en la mayor parte de unos autores cuyo conocimiento teórico sobre esta música moderna es, como el de Gómez de la Serna, prácticamente inexistente. Los ejemplos de ello, como veremos, son abundantes y recurrentes, tanto en los poetas que celebran la llegada del jazz como en los que la reprueban. Precisamente en un poema titulado "Jazz-Band", el gallego Ramón Goy de Silva incide en esta identidad entre jazz y ruido, al asociarlo con una tormenta nocturna. De hecho, será casi un lugar común presentar al jazz unido con el mundo de la noche, y no es coincidencia que en este caso se trate de una "noche de fiesta en el cielo" en la que "las estrellas encienden sus letreros" y la luna "es un globo grotesco" (99)[1]. En este contexto, el fenómeno meteorológico de la tormenta es indisoluble del sonido del jazz, y es precisamente el ruido provocado por esta música lo que funciona como punto de contacto entre ambas realidades, intensificadas de forma grotesca y presentadas como un verdadero espectáculo al final del poema. "Se anuncia la tormenta, gran número de efecto" (99), un número tan espectacular y ensordecedor como podría serlo la música interpretada en directo por una orquesta de jazz.

---

1 Excepto en aquellos casos en los que se especifique algo diferente, los poemas citados proceden de la antología *Fruta extraña*, que figura en el apartado de referencias bibliográficas de este estudio.

Pero Goy de Silva no es el único que utiliza la metáfora de los fenómenos atmosféricos para introducir el jazz en sus versos. En un poema titulado precisamente "Lluvia", el poeta vanguardista madrileño José Rivas Panedas opone el ritmo de vals vienés de la lluvia con una posible tormenta por venir, cuyo estruendo describe escuetamente como "Jazz Band en el cielo" (109), en un contexto poético en el que diversos elementos de la naturaleza—la lluvia, el sol, el jardín—se nos aparecen como instrumentos musicales. Contrasta aquí, como suele ser el caso, el ritmo dulce del vals producido por el repiqueteo de las gotas de lluvia sobre un tejado con el estallido inminente de la tormenta asociada sensorialmente con el jazz.

Así, en estos primeros años, el jazz va de la mano del estruendo y la cacofonía, o está generalmente vinculado al submundo de la noche, a ese espacio las más de las veces urbano en el que se dan la mano lo prohibido y el placer, la oscuridad y el deseo, esos antros nocturnos que tan bien recrea Emilio Carrere en sus populares novelitas bohemias. Es un espacio en el que el jazz se confunde fácilmente con los ritmos de otros estilos musicales, como por ejemplo el tango. En "Las señoritas tanguistas", el cántabro José del Río Sainz nos describe los tipos humanos que pululan por los confines de un *café-concert*, esas "señoritas tanguistas con sus líneas elegantes" que "toman whisky y fuman locos cigarrillos enervantes" (101). En este espacio contrastan la opulencia y lo sórdido, abundan el vicio y los estupefacientes, el sexo se utiliza como moneda de cambio, y la banda sonora no es tanto el tango como el jazz:

> Se danzan las danzas raras de *jazz-band*, cada pareja
>
> es como un par de muñecos de un guiñol hecho de trapos
>
> cuyos hilos invisibles un diablillo maneja;
>
> ellas son serpientes ágiles, y ellos son untuosos sapos. (101)

El jazz aparece de nuevo asociado al baile, un baile que es objeto de extrañamiento y cuyo efecto es la deshumanización y animalización de los bailarines. En los últimos versos comprendemos que se trata de un poema narrativo que desgrana la historia de un asesinato, y cuando dos policías finalmente arrestan a una de las tanguistas, el ritmo del jazz subraya el caos que se apodera del *café-concert* incidiendo en lo ruidoso de su sonido: "Hay un tumulto espantoso; cada uno escapar procura; / los polizontes se llevan a la mujer y al amante / y el *jazz-band* lanza de nuevo su cántico de locura" (102).

Como vemos, muchos de estos poetas tienen de los nuevos ritmos del jazz una visión marcadamente peyorativa. Por ejemplo, cuando Emilio Carrere, uno de los poetas madrileños más populares del primer tercio del siglo XX, escribe su "Elegía del viejo Madrid", lamenta con nostalgia la desaparición de ciertos elementos castizos de la ciudad—"el viejo Madrid"—y entre los signos de modernidad que desprecia se encuentran el jazz, el tango o el boxeo. Es evidente que a Carrere le disgusta un

Madrid en el que "triunfa la *jazz-band*" del manubrio [y] la habanera se trueca en *fox*" (97). Algo semejante se aprecia en el "Elogio del vals", del onubense Rogelio Buendía, que fue uno de los primeros traductores de la obra del portugués Fernando Pessoa al español. En este poema dedicado a su amigo Adriano del Valle, Buendía ensalza las virtudes de los valses de Juventino Rosas, Frédéric Chopin, Richard Strauss, Hector-Jonathan Crémieux o Clifton Worsley, alaba su elegancia, belleza y languidez, oponiéndolos al estruendo y la ordinariez que descubre en el *fox-trot* o el *one-step*: "Por eso que te ocultas", le espeta sin contemplaciones en un apóstrofe a un vals personificado, "entre el *fox-trot* ruidoso / y el cojo *one-step*, / quiero contarte a ti, / vals, que todo lo llenas de poesía" (111). Todo lo que no vaya codificado en un ritmo de tres por cuatro es para el poeta música carente de valor, y en este contexto, el jazz es todo lo que no es el vals, y en comparación con este, "todo ritmo / se hace desmadejado y sin cadencia" (111); es, en suma, el antirritmo.

Este poema de Buendía recuerda inevitablemente a la visión que Jorge Guillén transmite sobre el jazz en algunas de las crónicas que escribe para *La Libertad* a principio de los años veinte desde París, donde asiste a una verdadera explosión jazzística a la que se acerca desde presupuestos contrarios al romanticismo. En textos como "Negritos" y "Más negritos", Guillén evita idealizar esta nueva expresión musical afroamericana, describiéndola como cómica y grotesca y deplorando lo que percibe como un pintoresquismo de diseño por parte de los músicos de la American Southern Syncopated Orchestra y de los bailarines a los que acompaña. Guillén presenta esta música en términos de "aullido discordante", "quejumbras broncas" o "carraspeos de alcohólico" (Jiménez Millán 185), y en particular en "Más negritos", su ácida crítica al jazz se hace extensiva a todo el universo de las vanguardias: "Lógico es, por ende, que el arte actual de vanguardia, tan amigo del arte negro, se resuelva a la postre en chocarrería bufa de guiñol. En uno y otro caso, la más infantil materialización automática" (Jiménez Millán 186). Con el paso de las décadas, y ya desde el exilio estadounidense, Guillén modificará su visión sobre el jazz, reconociendo en él un vehículo para la crítica social, tal y como fue el caso de muchos músicos de jazz afiliados a tendencias como el *hard bop* o el *free jazz* a partir de la década de los sesenta. Esta nueva perspectiva de Guillén sobre el jazz la encontraremos en su composición poética "Los negros", incluida en el poemario *Aire nuestro* (1968), en la que dramatiza poéticamente el sufrimiento de los afroamericanos en los Estados Unidos. Tomando como motivo central el verso "My only sin is [in] my skin", procedente de la letra escrita por Andy Razaf para la canción "(What Did I Do to Be So) Black and Blue", grabada por Louis Armstrong para el sello Okeh en 1929, Guillén utiliza el jazz para dar voz al lamento de toda una raza encarnada en un cantante que no puede ser trasunto de otro que no sea Satchmo:

"Mi piel es mi pecado", canta el negro con voz

Hermosa y dolorida. Desenlace imprevisto:

¿Va, por fin, a nacer de verdad Jesucristo?

El blanco está más blanco de una vergüenza atroz. (118)

Estamos aquí lejos de la crítica al jazz desde un punto de vista estético y también incluso social que se desprende de las crónicas parisinas del Guillén de los años veinte. Varias décadas después, el poeta canaliza todo el contenido social y combativo claramente presente en un jazz que jugaría también su papel en la lucha por los derechos civiles a partir de los años sesenta, que es precisamente cuando Guillén compone este poema.

Pero nos estamos adelantando demasiado en el tiempo; volviendo a los años veinte y treinta, podemos observar con claridad que desde el seno de las vanguardias, lejos de criticarlo duramente, lo más común es que los poetas abracen el jazz como ejemplo de modernidad e incluso de libertad, asociándolo al progreso que se percibe en el espacio urbano y a los avances tecnológicos que conllevan inventos como el cinematógrafo o la radio, entre otros. En este sentido, pocos son los vanguardistas que no aplauden la irrupción del jazz y de ritmos y bailes que se perciben cercanos a él, hasta tal punto que no resulta exagerado afirmar que estos autores ven en el jazz una verdadera banda sonora de la modernidad. Tal es el caso, por ejemplo, del madrileño Francisco Vighi, que en su poema "Actualidad (Incoherencia)" se hace eco, de una manera particularmente rítmica, de cuestiones relativas a la actualidad del momento, como las fluctuaciones de la Bolsa, los pronunciamientos militares en Portugal o incluso las disensiones existentes entre diferentes corrientes vanguardistas en un contexto cultural en el que "riñen los ultra con los da-da" (110). En los últimos cuatro versos de la composición, el jazz aparece como uno de varios símbolos (el coche, la radio, el fútbol) de la modernidad que Vighi entiende como cada vez más dinámica y veloz: "El Ford, Spengler, la T.S.F. / Música esdrújula de los *jazz-band* / Y al *foot-ball* juega con el planeta / Pedro, portero intercelestial" (110).

No es extraño que Vighi utilice aquí la palabra "esdrújula" para referirse al ritmo del jazz, subrayando con la particular acentuación de dicho adjetivo el ritmo sincopado que a veces se percibe como alocado o desordenado de esta música. Algo semejante ocurre en un poema que el bilbaíno Juan Larrea dedica a la radio, a esa telegrafía sin hilos o "T.S.H." que da título a su composición. Los versos de Larrea suponen un canto a un avance tecnológico que facilita la comunicación global, permitiendo un contexto en el que "Europa y América cantan a dúo"—verso que recuerda a uno de los más famosos de José Moreno Villa en su poemario *Jacinta la pelirroja*—o en el que "Oceanía la nadadora / empina su vocecilla engolada" (122). En este poema, el jazz aparece en la forma de un *cake-walk* que "América / silba en inglés" (121) y el ritmo de la música se yuxtapone al repiqueteo del telégrafo mediante un verso eminentemente visual conformado por los puntos y las rayas del Código Morse.

Como hemos ya vislumbrado, una buena parte de estos poemas vanguardistas sitúan el jazz en el espacio urbano y lo relacionan con avances tecnológicos, tratando en algunos casos de capturar en sus composiciones el ritmo y el sonido de la ciudad moderna, para lo cual el jazz supone un vehículo valiosísimo. Así, el gallego Xavier Bóveda, un ultraísta muy vinculado con la revista *Grecia*, traslada a su poema "Un automóvil pasa", el ruido ensordecedor del tráfico que comienza a llenar las calles de los núcleos urbanos a través de todo tipo de onomatopeyas: los coches nos regalan sus "oú, oú, oú", sus "trrrrrrrr" o sus "po-po-po-pöe", mientras los tranvías circulan al ritmo de "ro-ro-ro-ro-ro", "iiiiiii", "tan, tan, tan, tan" o "raaás, raaás". En medio de esta verdadera orgía de onomatopeyas urbanas hay todavía espacio para el recuerdo y para el mundo interior de los individuos, y los sonidos de estos nuevos medios de transporte que poco a poco se irán haciendo ubicuos evocan los ritmos sincopados del jazz en la mente de una joven que "se acuerda / del rubio novio, del amado / con quien bailó en aquella noche, / aquel *fox-trot* tan exaltado" (134). Tan exaltado, se entiende, como el ruido caótico de unas calles llenas de automóviles y tranvías que remiten directamente al frenesí musical representado por el jazz. Algo semejante encontramos en el poema "Jazz-Band" (1929), en el que la madrileña Concha Méndez, una mujer que conocía a fondo todo lo relacionado con las innovaciones tecnológicas y las prácticas deportivas del momento, trata de describir con palabras las sensaciones que le sugiere la nueva música llegada de Norteamérica. Para ello, subraya el ritmo acelerado del jazz con versos breves que conjugan un sustantivo y un adjetivo y que buscan reflejar tanto el sonido como el aspecto visual del nuevo estilo musical: "Ritmo cortado. / Luces vibrantes. / Campanas histéricas. / Astros fulminantes" (138). A continuación, Méndez pasa a poner en consonancia el jazz con el mundo de la noche y de los placeres nocturnos, insistiendo brevemente en la dimensión erótica de esta música y de los bailes que se asocian con ella: "Erotismos. / Licores rebosantes. / Juegos de niños. / Acordes delirantes" (138). Lo que para Bóveda era un ritmo exaltado, para Méndez es, de forma similar, delirante, y en los últimos cuatro versos, la poeta madrileña deja claro también que el lugar natural para el disfrute de esta música exótica y moderna es necesariamente el paisaje urbano: "*Jazz-band*. Rascacielos. / Diáfanos cristales. / Exóticos murmullos. / Quejido de metales" (138). Obviamente, la yuxtaposición del jazz y los rascacielos no es casual, sino que responde a una visión que va muy acorde con la concepción arquitectónica que desde Europa se tenía de la ciudad norteamericana.

Encuadrado en un paisaje fundamentalmente urbano, el jazz suele presentarse a menudo como sinónimo de esa juventud que lo abraza y baila frenéticamente sus ritmos alocados. Es una juventud que se desplaza en automóvil, un medio de transporte relacionado en algunos poemas con la nueva música no sólo debido a la modernidad con la que se asocia, sino también por el elemento de velocidad y ruido que representa. Así, en "Atardecer" (1927), una composición publicada en *La Gaceta Literaria*, la escritora vasca Ernestina de Champourcín opone el silencio de un taciturno vejete que fuma en pipa con la estridencia de los coches en los que los jóvenes se dirigen a un baile. Todo ello ocurre en un "barrio silencioso, encharcado y triste" en el que "un vejete sucio / fuma la colilla de la tarde gris / con su pipa rota" (151). De repente, la tranquilidad de esta escena casi inerte y cotidiana se interrumpe debido a la irrupción de unas "niñas mariposas [que] vuelan en citroën al baile del Ritz" (151). A través de la mirada de la voz poética describimos en este medio urbano la existencia de dos mundos separados: el del viejo casi inmóvil que, con su pipa en la boca, ve pasar lo que le queda de vida, y el de los jóvenes que todavía tienen toda la vida por delante y se lanzan a ella con velocidad y abandono, enardecidos por los ritmos llegados de Norteamérica. El poema se cierra, no por casualidad, con una descripción de los automóviles, que son metonimia de los jóvenes que viajan en su interior, enfatizando la rapidez de la escena y sin que falte una mención a ese jazz que bailarán en el Ritz: "Los autos persiguen, borrachos de prisa, / un jazz que devora su propia estridencia" (151).

Aunque este poema está ambientado en un contexto urbano cuando cae la tarde, lo más común es encontrar el jazz asociado a la noche y a las múltiples posibilidades de placer sensual y sexual que se abren en el mundo nocturno marcado por la media luz y los ritmos sincopados de la nueva música. Otra poeta, la madrileña Lucía Sánchez Saornil, que publicaba sus textos bajo el pseudónimo de Luciano de San-Saor, dedica un poema de sus "Panoramas urbanos", aparecido en la revista *Ultra* en 1921, a una descripción de tono inequívocamente ultraísta del paisaje de la noche urbana. El texto subraya el ajetreo, el sonido y la modernidad del ambiente que nos transmite, aunando música, baile y el ruido de la multitud y de los avances tecnológicos. Todo ello está presidido por una banda sonora totalmente reconocible, que es el *jazz-band*:

> La noche ciudadana
>
> orquesta su *Jazz Band*.
>
> Los autos desenrollan
>
> sus cintas sinfónicas por las avenidas
>
> atándonos los pies. (125)

Esta noche personificada en la que no faltan los sonidos discordantes de los automóviles y en la que "el bar canta una canción / agua y cristal" (125), aparece descrita como una banda de jazz—o quizá como una batería, si consideramos esa acepción del término *jazz-band*—con todo ese caos sonoro más o menos organizado que conlleva. En este contexto, por supuesto, no falta el baile, descrito en términos relativos a la electricidad: "Sobre el tapiz voltaico / hay un *ballet* fantástico / enlutado como un duelo" (125).

Este mundo nocturno lo evoca también el madrileño Guillermo de Torre en algunos de los textos que conforman su único poemario, *Hélices: Poemas 1918-1922* (1923). Sus versos rezuman un evidente tono ultraísta y en varios de ellos descubrimos la influencia y la huella del jazz. En "Trapecio", por ejemplo, la voz poética se pone "el antifaz narcotizante / de las vidas superficiales" y nos introduce en el espacio nocturno de un cabaret:

> Media noche
>
> > Danzas
>
> > > Colores
>
> > Vibración eléctrica del cabaret perfumado
>
> > Hay mujeres dormidas
>
> > > que desnuda la orquesta
>
> > Chispazos de violines
>
> > sobre los senos floridos. (139)

Como vemos, es un espacio a media luz dominado por la música, en el que florece el placer sexual y por el que circula libremente el alcohol: "Las lámparas borbotean. / Las botellas hablan" (139). La descripción del cabaret viene marcada por la yuxtaposición de frases breves que recrean el ritmo sincopado de esa música que interpreta la orquesta y que nos prepara para unos versos finales que contienen una definición en clave poética de lo que para Guillermo de Torre es el *jazz-band*:

> Evocación de los rascacielos
>
> que trepan hacia la luna
>
> Los músicos acrobáticos
>
> > actúan ritmos salvajes
>
> > > Entrada ilusoria de los maoris
>
> Oh noche de espumas. (139-40)

El jazz se relaciona aquí estrechamente con la arquitectura urbana, como en el caso del poema anteriormente citado de Concha Méndez, pero también con lo acrobático, con lo exótico y con la noche, que es precisamente el momento en el que la voz poética se interna en el cabaret. En la última estrofa, introducida por un apóstrofe a una "amiga-negra" que vuelve a incidir en el carácter exótico y en la procedencia afroamericana de esta música, se recuerda que el jazz es indisociable de un tipo de baile moderno opuesto a todas las danzas hasta entonces conocidas y practicadas:

Amiga negra

Ven a mí

En la evocación del alma primitiva

nosotros danzaremos al revés

mecidos en el trapecio

del alba que se balancea. (140)

Fiel a los presupuestos vanguardistas que incorporaban elementos procedentes de diversas tradiciones poéticas y literarias, Guillermo de Torre compuso también un haiku jazzístico titulado "Hai-kai 9", en el que, por cierto, no respeta en absoluto las normas métricas de esta forma de versificación japonesa que posteriormente conocería tanto éxito entre los escritores de la Beat Generation estadounidense. En este poema breve, la voz poética vuelve a relacionar el jazz y el baile, centrándose en el batería, que como ya hemos visto, solía funcionar como metonimia de la orquesta de jazz al completo por el inusitado ruido que su actuación producía. El poema potencia el aspecto físico de la nueva música, presentando a un batería que toca su instrumento con una parte de su cuerpo precisamente sobre el cuerpo paralelamente desnudo de las bailarinas: "El *jazz-drummer* negro repiquetea / con los palillos de sus dientes / en los descotes de las danzarinas" (141). Estos tres versos no sólo inciden en la relación recurrente entre jazz y baile, sino que además ilustran la percepción de esta música como un estilo nuevo y exótico, aludiendo a la identidad racial del músico, y la dimensión sexual del baile que la acompaña, codificada en la mención de los escotes que muestran las mujeres que bailan al son de estos ritmos.

Un contenido semejante puede encontrarse en el poema "Té-*Dancing*-Delicias", del palentino César M. Arconada, que se ambienta precisamente en uno de los *dancings* a los que los clientes acudían bajo la excusa del baile para realizar todo tipo de actividades presididas a menudo por una banda sonora jazzística y no siempre moralmente aceptadas por el conjunto de la sociedad. Intelectual moderadamente prolífico, Arconada solía colaborar con *La Gaceta Literaria* en los años veinte y adquirió cierta fama como ensayista, abordando a veces temas de lo que hoy consideraríamos como cultura popular. El jazz se desliza particularmente en esta composición incluida en su poemario *Urbe* (1929), cuya acción tiene lugar en una tarde-noche especialmente desapacible en la que "las estrellas, sin cielo para sostenerse, han descendido a los faroles / embozados con halo de invierno inclemente" (132) y el viento sopla prefigurando los movimientos de la danza al ritmo de jazz en el *dancing*. La voz poética se adentra en el establecimiento del brazo de una mujer anónima ("taquimeca a quien no conozco") con quien se resguarda en el *dancing* del gélido clima que azota el exterior. La descripción de dicho lugar presenta una técnica visual marcadamente cinematográfica que, con una profusión de frases breves, busca reflejar al mismo tiempo el ritmo sincopado de la música que interpreta la orquesta:

Estrépito.

Salón. Luces atenuadas.

Manteles azules.

Orquesta. Notas buscapiés. Circunferencias.

Jazz.

¡Oh, el baile! ¡El baile! (132)

Como suele ocurrir, el jazz aparece aquí asociado con el baile, con la penumbra y con el nacimiento del deseo sexual, descrito en términos de electricidad, de movimiento y de estrépito:

Dos horas girando sobre el eje de unos labios.

El cuerpo lleno de electricidad. (Podíamos hacer volatines con las lámparas).

Espesura de ruido.

Sabroso té. Amanecen diez amores.

Tumulto. Agilidad.

Alegría.

Un beso truncado en un rincón

Dos horas. ¿Oh el baile! (133)

Al final del poema, la euforia temporal facilitada por la música, el baile y la bebida termina de forma abrupta cuando la pareja emerge del *dancing* y regresa a la realidad y al frío invierno urbano, No sin cierta ironía, eso sí, descubrimos que en el espacio de unas breves horas de baile, la voz poética ha pasado de no conocer de nada a esta "taquimeca" a enamorarse de ella y proponerle en los dos últimos versos: "toma mi vida. / Mañana me caso contigo" (133). Probablemente será este uno de esos diez amores que amanecen en el frenesí del *dancing* y que no tardarían, siguiendo la expresión poética de Arconada, en anochecer y desvanecerse.

La relación entre jazz y baile se observa ya desde el título del poema "Font-Romeu, noche de baile", recogido en *Fábula y signo* (1931), uno de los primeros poemarios del madrileño Pedro Salinas. Pero, a diferencia de otras composiciones contemporáneas, aquí la noche de baile aparece animada por música grabada—"lo que viene / es una nube rubia / con un álbum de discos bajo el brazo / a tocar *fox-trot* cándidos" (113)—, reflejando así que los registros fonográficos, los discos de pizarra, fueron otra vía de difusión del jazz en España. La voz poética de Salinas, que durante su exilio posterior en Estados Unidos escribiría algún poema más con resonancias jazzísticas, describe de una manera particularmente modernista a las bailarinas como "sílfides de aluminio y celuloide, / duras, resbaladizas, con anuncios / de automóviles nuevos en la frente" (113). Estas mujeres se presentan como seres abocados a la soledad, bailando desemparejadas, y esa misma idea de la pulsión sexual suscitada por la música pero carente de sentimiento que veíamos en el poema de Arconada se desliza también en los versos de Salinas:

Y tan solas, las pobres,

tan sin pareja,

que se enamora sucesivamente

de una, de dos, de tres, de todas,

la voluntad vacante aquí en lo blanco. (113)

En algunos de estos poemas vanguardistas, la música de jazz entra en contacto con otras formas de arte, como el teatro o el cine, o como en el caso del canario Agustín de Espinosa, se entrecruza con referencias a la mitología y a la cultura clásica grecolatina. Espinosa es uno de los nombres fundamentales entre los artífices de la revista *Gaceta de Arte*, además de haber presidido el Ateneo de Santa Cruz, y en su libro póstumo inspirado por su esposa, *Poemas a Mme. Josephine* (1982, pero compuesto en la década de los treinta) figura un curioso poema titulado "El mirar mío". En un apóstrofe a Baco, al que se refiere como "Mr. Bacchus" y que nos presenta como "gran *barman* mitológico" y "dancing-master / internacional" (127), insta a la deidad romana a que le sirva bebidas y a que responda a peticiones claramente ligadas a la vida moderna:

Dame *cock-tails* atlánticos,

Con tapas de hidroaviones.

Y bacantes

de cartón-piedra alemán.

Dame la sed exacta.

El bosque azul recién pintado.

El fauno de espalda numerada.

Y el taxímetro de sensualidad. (127)

Como parte integrante de esta modernidad, el jazz entra en los tres últimos versos del poema, en los que tanto Baco como el dios Pan se vuelven músicos de orquesta: "Suena en tu flauta *charleston*. / Haz negro de tu *jazz-band* / a Sir Pan" (127).

Algo semejante ocurre en "El viejo trío", una composición incluida en el poemario *La hora emocionada* (1931), de la barcelonesa Elisabeth Mulder, autora prolífica y muy interesante pero hoy un tanto olvidada. El poema, protagonizado por Colombina, Pierrot y Arlequín, supone una actualización de estos personajes-tipo de la *commedia dell'arte*, utilizados como vehículo para describir los aspectos más sórdidos de la vida moderna, de una manera semejante a cómo lo haría posteriormente el cantautor belga Jacques Brel en canciones como "Les jardins du Casino". La voz poética nos presenta a estos personajes teatrales con trazos rápidos, incidiendo siempre en que nos encontramos ante un trío "del todo transformado" (149) y pasado por el tamiz de la modernidad en el peor sentido posible que pueda darse a dicho concepto. Colombina es "elegante y esquelética / mostrando una silueta parisina" (149) y, por supuesto, se pinta la cara y se viste como cualquier *flapper* neoyorkina que se precie. Pierrot aparece desencantado con la realidad que le ha tocado vivir y ha cambiado la música y el verso por pasiones más modernas. "Se ha dado al cabaret y a la morfina / como el héroe de un tango de Spaventa" (149). Arlequín, por su parte, se ha convertido en una suerte de *playboy*, "siempre a caza de conquista" y se ha aficionado a la música moderna y a los últimos pasos de baile: "tararea el *allegro* / sincopado de un canto de revista / mientras marca un compás de baile negro" (149). El jolgorio y el aspecto cómico de estos personajes de la *commedia dell'arte* se han convertido en desidia y en una visión trágica de la existencia. Mulder ha operado una inversión de los parámetros clásicos de esta forma de teatro al trasponer la acción al tiempo presente, y en la última estrofa del poema queda claro que el decorado en el que ocurre todo esto no puede ser otro que el de un *dancing* en el que imaginamos a la consabida orquesta interpretando los ritmos modernos del jazz:

Y con aburrimiento soberano

entró el trío, silencioso,

en un *dancing* americano

que anunciaba un letrero luminoso. (150)

En un espacio semejante, el del cabaret, se centra el poema del cordobés Tomás Luque, dedicado a Eugenio Montes y recogido en su libro *Poemas inconexos* (1931). Ultraísta declarado, Luque contribuyó textos de manera regular a revistas prestigiosas como *Grecia* o *Ultra*, y en este poema en particular nos describe el interior de un cabaret y los personajes que por él pululan con una técnica notablemente influida por el cine, objetivada en versos breves y descripciones eminentemente visuales. Desde el principio, la voz poética incide en el colorido del local, contraponiéndolo con la artificiosidad que lo caracteriza, con esas "macetas de colores, / sembradas de bombillas / porque no hay flores" (128). Una gran parte del poema está dedicada a la descripción de la música de jazz que interpreta una orquesta en el cabaret:

Los músicos del jazz

revuelven su trastienda

y esparcen en la pista

filetes de metal,

palillos y matracas

y algún "ra-ca-taplá".

Al danzar las parejas

van moliendo el ruido

"chic-chac" del

rascasuelas.

Del saxofón

se escapa una nota

"cañón".

Da risa a las *girls*

y todos, al son,

se ponen, garbosos,

en plan de charlestón. (128)

Como vemos, es una descripción muy sonora: la voz poética subraya el ruido que percibe en el jazz a través de onomatopeyas y se centra en particular en la batería y en el saxofón, dos instrumentos que, como sabemos, se consideraban sinónimos de la nueva música, mayormente por el estruendo que producían. Aquí, el bullicio de la orquesta se mezcla de forma ensordecedora con el sonido de las parejas que bailan, y cuando los músicos dejan de tocar, continúa el baile al son de una música grabada que resulta igualmente ruidosa. "Cesa el jazz. / Altavoces y gramolas / con música de pistolas / llenan de grava el local" (128). Como suele ser el caso, el alcohol y las pulsiones sexuales se entremezclan con la música y el baile en este espacio nocturno del cabaret, y a medida que va transcurriendo la noche, el cansancio se va adueñando de los presentes y ni siquiera los avances de la cosmética pueden evitar que se vislumbre la realidad que se esconde tras varias capas de maquillaje.

Las dos.

Un ventisquero del jazz

arrebata el *maquillage*

a las *girls* de la *réclame*.

Las tres.

Están llenos de bostezos

los cubos de refrescar.

El abdomen de la noche

cada vez abulta más. (129)

En efecto, el cabaret es el dominio de lo artificioso, de las apariencias y de las relaciones amorosas que surgen durante sesiones interminables de baile a ritmo de jazz. Es, además, un espacio presidido por las transacciones económicas, donde por dinero uno puede construirse durante un cierto tiempo una realidad a su medida, donde en definitiva todo tiene un coste:

Los camareros se inclinan

al presentar las facturas,

al aumentar las propinas.

Después de cobrar

con el paño aventan

los suspiros tontos

que caen en las mesas. (129)

En la última estrofa, la voz poética traza un paralelismo entre el final de la noche en el cabaret y el final de una película en una sala de cine:

Un poquito más

y el carro del alba

recoge la sombra

de un viejo morral.

Se apagan las luces

y ese es el final. (129)

Al cabaret llega la luz del día y se apagan las luces, de forma semejante a cómo se encienden las luces en un cine cuando la pantalla se oscurece al término de la película.

Como se puede comprobar a la luz de los poemas comentados en las páginas precedentes, el jazz se vuelve presencia constante en los versos emanados de las diversas corrientes poéticas vanguardistas españolas a partir de su primera introducción en España a finales de la I Guerra Mundial. Si bien las visiones sobre el jazz que ofrecen estas primeras composiciones que lo tratan en las décadas de los veinte y treinta difieren dependiendo de cada autor, en general la nueva música se critica o se celebra como símbolo inequívoco de modernidad, y en este sentido, se equipara con avances tecnológicos como el automóvil, el cine o la radio, con deportes que adquieren una dimensión espectacular como es el caso del fútbol, y se circunscribe particularmente al espacio urbano y al mundo del ocio nocturno. Se presenta, así, como lo que efectivamente era en aquellos momentos: una música de baile inseparable de las danzas modernas llegadas también de Norteamérica, un ritmo exótico de raíces afroamericanas sobre cuya historia, orígenes, cualidades musicales e intérpretes los poetas poseían escasos o nulos conocimientos. Pero, como veremos, con el transcurrir del tiempo, todo esto comenzaría poco a poco a cambiar.

Capítulo II
José Moreno Villa y Federico García Lorca: La Generación del 27, Nueva York y el jazz

Como hemos visto en las páginas precedentes, el jazz pronto adquiere una presencia notable en las composiciones poéticas de muchos de los vanguardistas españoles, que no tardan en abrazarlo como símbolo de modernidad y de ruptura con el *status quo* aunque no suelan demostrar un conocimiento más que superficial de la nueva música llegada de Norteamérica. Algo semejante ocurre en el caso de los escritores que la crítica generalmente agrupa dentro de la llamada Generación de 1927, la mayor parte de los cuales se ven atraídos por cualquier atisbo de modernidad y avance tecnológico aunque puedan en ocasiones presentar acercamientos marcadamente críticos a esas realidades. Para ellos, el jazz es también sinónimo de libertad y desenfreno, y muchos suelen celebrarlo desde esa perspectiva a pesar de carecer de conocimientos teórico-musicales sobre él. En un aspecto sí que parece que coinciden los escasos críticos que hasta ahora se han ocupado de rastrear la presencia del jazz en la obra de este grupo heterogéneo de autores: esta música, por lo general y con pocas excepciones, tiene un protagonismo reducido en sus producciones poéticas, al menos en comparación con otras artes nacidas de la modernidad, como el cine.

En su artículo "La Generación del 27 y el jazz", por ejemplo, Antonio Jiménez Millán indaga en los posibles antecedentes de la reacción de estos escritores al jazz y postula que está ligada a su recepción de vanguardistas franceses como Jean Cocteau, Blaise Cendrars o Philippe Soupault y se encuentra siempre en estrecha relación con lo cinematográfico. Tiene sentido buscar esta conexión con Francia, ya que París fue a principios del siglo XX epicentro jazzístico y de la vanguardia cultural, y la recepción del jazz en tierras francesas fue generalmente favorable e incluso entusiasta desde sus inicios. Volviendo la vista a España, Jiménez Millán observa que los primeros en incorporar el jazz a sus composiciones poéticas fueron probablemente ultraístas como Guillermo de la Torre y que otros escritores y artistas relacionados con el 27 reconocieron en este nuevo estilo musical la banda sonora del mundo moderno y de las posibilidades de forjar una nueva vida que rompiese con los constreñimientos de lo tradicional. Tal es el caso, por ejemplo, de Salvador Dalí, Luís Buñuel o Pepín Bello, cuyas reacciones al jazz se encuentran íntimamente ligadas al cine y al espacio de la Residencia de Estudiantes en Madrid. Así, Jiménez Millán cita a un Dalí entusiasmado con el jazz que escuchaba en el Hotel Palace de la capital: "Fue nuestro descubrimiento del jazz, y debo aclarar honradamente que hizo cierta impresión en mí en aquel tiempo" (186). Buñuel declara que tampoco tardó demasiado en sucumbir a los placeres de un jazz que "me tenía cautivado, hasta el extremo de que empecé a tocar el banjo" (186) y era común verlo escuchando discos de jazz mientras bebía cócteles. Y Pepín Bello recuerda vivamente sus salidas al Rector's Club del Hotel Palace, muchas veces con Dalí y Buñuel, para escuchar a "una orquesta de negros" que interpretaba "un jazz muy discreto". Según las palabras de Bello que recoge Jiménez Millán, su interés por el jazz y el de sus compañeros era generalizado y no se limitaba al aspecto musical: "Me acuerdo que estábamos todos entusiasmados con aquella orquesta y con aquellas chicas que andaban por ahí" (186). Por otro lado, la conexión entre el jazz y el cine no resulta sorprendente si tenemos en cuenta las siguientes apreciaciones de gran agudeza de Gonzalo Abril, que también cita Jiménez Millán y en las que se equiparan la sala de cine y el club de jazz, dos espacios unidos por una cierta relación de contigüidad: "El cine se emparenta con el jazz como la sala de cine con el club: ambos son espacios colectivos, donde le público se orienta a una misma *pantalla* y experimenta sentimientos comunes y simultáneos. Porque el cine y el jazz pertenecen a la *episteme* de la modernidad, de los grandes movimientos urbanos, de la identidad y la intervención política coactivas" (184). En esta simbiosis entre cine y jazz ahondan precisamente textos poéticos de escritores vinculados con la Generación del 27, como José María Hinojosa, Pedro Salinas o Luis Cernuda (189-191), de los cuales se desprende también la fascinación que la cultura estadounidense comenzaba a ejercer sobre algunos de estos autores.

Por su parte, en su estudio "La urbe cosmopolita a ritmo de swing", Patricio Goialde Palacios sitúa la llegada del jazz a España y la polémica que suscitó en el contexto social de modernización urbana que caracterizó a la década de los años veinte y que se dejó notar también en el ámbito doméstico y las prácticas de ocio, muchas de ellas importadas de Europa y, en última instancia, de los Estados Unidos (498-502). Son momentos de cambios radicales y frenéticos sobre todo en el medio urbano, con la construcción de nuevos edificios, hoteles de lujo, cabarets y *dancings*; con la irrupción de nuevos inventos como el teléfono, la radio, el gramófono o el automóvil; y con la introducción de un sistema de alumbrado eléctrico que dispuso nuevas posibilidades de ocio nocturno. Florecen, así, el cine y los bailes modernos, se empieza a entender el deporte como espectáculo de masas, y el poderoso influjo de la cultura estadounidense y procedente de otros países europeos ocasiona un verdadero aluvión de extranjerismos utilizados de forma cotidiana y reflejados en los textos literarios, como por ejemplo las novelas sicalípticas o eróticas que conocieron en esta época una enorme difusión y popularidad. En dicho contexto, el jazz se erige en banda sonora de estas transformaciones sociales, y como señala Goialde Palacios, lo abrazan inmediatamente los jóvenes nacidos en el seno de las familias adineradas—los llamados *pollos-pera* y *niñas bien*, con "el pelo *a lo garçon*... (y) la falda a la altura de la honestidad" (García Martínez 38)—no sólo como estandarte de los tiempos modernos sino también como símbolo de juventud y libertad. Una libertad, claro está, propiciada por el alto poder adquisitivo y por el opulento nivel de vida de sus familias. Como Goialde Palacios observa con acierto, todo esto tiene lugar sobre todo "en las grandes ciudades y entre un restringido grupo social" (502), mientras que las duras críticas a esta música y a los bailes subidos de tono que la acompañan son generalizadas desde diversos sectores de la sociedad española de la época y por diferentes razones. Dichas críticas, obviamente, esconden motivaciones raciales debido al origen afroamericano del jazz, pero existe también una motivación nacionalista por considerar que esta música foránea margina y perjudica al folklore propiamente español, sin olvidar tampoco las consabidas objeciones de tipo religioso que se cebaban en la supuesta impudicia y lascivia del jazz y de sus formas de baile (499-502). Incluso los médicos llegaron a advertir, de una forma por lo demás muy poco científica, del peligro para la salud que podría suponer el frecuentar los *dancings* con demasiada asiduidad, como se desprende de este artículo publicado en *Nuevo Mundo* en 1933: "El sesenta por ciento de la juventud actual se retira a sus hogares después de las once de la noche, y esto ... determina una menor vitalidad del cuerpo y reduce al mínimo la resistencia natural a las enfermedades, dando como resultado casi seguro la tuberculosis" (García Martínez 47). Es decir, que una inclinación demasiado entusiasta al disfrute de la vida nocturna a ritmo de jazz podría llegar a tener unas consecuencias fatídicas para la salud de los jóvenes, que quedaban por la presente convenientemente avisados. Otra cosa es que los *pollos-pera* y las *niñas-bien* se tomasen en serio o incluso leyesen los consejos de esta reputada publicación.

Sea como fuere, el impacto del jazz en la sociedad española de los años veinte, en especial en el ámbito urbano, es innegable, como ya hemos podido observar, pero curiosamente es menor en los textos de los poetas del 27. Sus huellas resultan evidentes en muchos versos de las vanguardias de la época, y aunque emerge con cierta regularidad en la prosa de José Díaz Fernández, Antonio de Obregón, Francisco Ayala o Antonio Espina, en su artículo Goialde Palacios coincide con otros críticos al señalar que la presencia del jazz es más bien escasa en las obras poéticas de los miembros de la Generación del 27 (511). A su juicio—y con la excepción de los dos escritores que son eje central del presente capítulo de este libro—, el interés por el jazz de estos autores se manifiesta con mayor recurrencia en epistolarios, memorias y textos de carácter personal o privado que en sus obras literarias. Tal es el caso de Luis Cernuda, el propio Federico García Lorca y de otros artistas de su entorno, como Luis Buñuel o Salvador Dalí (515). En los textos de Vicente Aleixandre, Pedro Salinas o Concha Méndez, las referencias son siempre puntuales y suelen estar ligadas a la caracterización del mundo urbano o a lo cinematográfico (516-517). Y además—con-

42

viene añadir también—, su conocimiento teórico sobre lo que el jazz es resulta tan ligero como el de sus contemporáneos ya analizados en el capítulo anterior. No se trata, en realidad, de que José Moreno Villa y Federico García Lorca demostrasen un conocimiento más profundo sobe el jazz que otros autores coetáneos, pero ambos comparten dos elementos que los diferencian del resto: por un lado, los dos se sintieron poderosamente atraídos por la música desde una edad temprana—en especial por el cante jondo, cuya huella se aprecia con claridad en algunas de sus obras—y por otro, tuvieron la oportunidad de entrar en contacto con el jazz *in situ* durante sendas estancias en Nueva York en la segunda mitad de los años 20 y reflejaron estas experiencias, en mayor o menor medida, en textos que escribieron en esos momentos y que se analizarán en las páginas que siguen como contribuciones valiosas que son a la literatura española surgida del jazz.

Malagueño de nacimiento, José Moreno Villa era el mayor de los dos autores, venido al mundo en 1887 en el seno de una familia acomodada dedicada por entero al negocio vitivinícola, que en un principio se esperaba que el futuro escritor heredase. Con esta intención, pues, sus padres lo enviaron a los diecisiete años a Alemania para que cursase estudios químicos en la prestigiosa universidad de Friburgo, pero el joven Moreno Villa no tardará en hacer a un lado las fórmulas químicas y la tabla periódica de los elementos para concentrarse en las que por entonces se habían convertido ya en sus verdaderas pasiones: el arte en general y la literatura en particular. En Alemania se empapa de todo tipo de lecturas filosóficas y literarias, sobre todo francesas, alemanas e inglesas, y acabará regresando a su Málaga natal para integrarse en los diferentes círculos culturales que, en los años iniciales del siglo XIX, se encontraban en plena ebullición en dicha ciudad. Alrededor de 1910 decide dejar Málaga para establecerse en Madrid, donde pronto entrará en contacto con intelectuales de la relevancia de Ortega y Gasset, Américo Castro, Azorín o Pío Baroja, entre muchos otros. Sus intereses no se ciñen a la literatura, sino que abarcan también la pintura, la arquitectura, la historia del arte, la edición bibliográfica, la fotografía o el periodismo. Como se ha señalado, la pasión por la música le venía ya de muy atrás: a instancias de uno de sus primos, Antonio Duarte Moreno, se había aficionado de adolescente al cante jondo en diversos cafés malagueños, y con ocasión de su posterior viaje a Nueva York, conocerá el jazz en primera persona, como se refleja en sus obras *Pruebas de Nueva York* (1927) y, en especial, en el poemario *Jacinta la pelirroja* (1929).

En Madrid, su relación con la Residencia de Estudiantes, en la que se instaló en 1917 y donde viviría durante más o menos dos décadas, con escasas interrupciones, revestirá una importancia incalculable en su vida personal y artística. En la introducción a su edición de *Jacinta la pelirroja*, Rafael Ballesteros y Julio Neira señalan que Moreno Villa llegó a la Residencia por invitación de su amigo Jiménez Fraud y que en un principio se alojaba allí como residente-tutor: "Sus obligaciones se limitaban a acompañar a los internos los sábados al Museo del Prado, hacer los dibujos-retratos de los conferenciantes que acuden a la misma (que luego se publicarían en la revista de la Residencia), y algunas actividades más de este tipo" (11). El espacio de la Residencia de Estudiantes le permitió entrar en contacto con personalidades de la talla de Federico García Lorca, Salvador Dalí, Luis Buñuel o Pepín Bello, entre muchos otros. Si bien Moreno Villa era algo mayor que todos ellos, "las relaciones fueron fluidas, sinceras y respetuosas siempre" (Ballesteros y Neira 12) y el malagueño se mantuvo en la órbita de la Generación del 27 como influencia intelectual ineludible y granjeándose el respeto y la admiración de una gran parte de sus miembros. Y no era para menos, si tenemos en cuenta el flujo incesante de proyectos de toda índole en los que se involucró por estos años Moreno Villa: ensayista, poeta, articulista, archivero, investigador, conferenciante, director de la revista *Arquitectura* y un sinfín de actividades entre las que destacó, por la particular devoción con la que se entregó a ella, la pintura.

Ya al filo de cumplir los cuarenta años, en 1926, toda esta actividad febril se verá trastocada por su relación con Florence, una estudiante universitaria estadounidense mucho más joven que conoce en casa de Jiménez Fraud, de la que se enamora perdidamente y a quien, tras el desengaño amoroso que sufrirá, acabará inmortalizando literariamente como la Jacinta de su poemario más célebre, en el que se observa la huella indeleble del jazz. Casi dos décadas después del flechazo inicial, asentado ya en México y muy lejos de España, Moreno Villa rememorará esta fallida relación con Florence en unas páginas de su autobiografía, *Vida en claro* (1944), en las que se transparenta la fascinación que sintió por la joven norteamericana pero también la fuerte oposición de los padres de ella a que su hija llevase adelante los planes de casarse con el escritor. Por insistencia de la familia de Florence, adinerada y bien posicionada en las altas esferas sociales neoyorkinas, la pareja viajó en barco rumbo a Nueva York bajo el pretexto de que los padres de la chica deseaban conocer en persona a Moreno Villa. Pero para su desgracia, esta visita acabará convirtiéndose en un escrutinio en toda regla del malagueño por parte de los familiares de la novia, quienes, quizá por razones personales, económicas o incluso religiosas—no conviene olvidar que Florence era judía y Moreno Villa no—, se ocuparon de hacer todo lo que estaba en sus manos para poner fin a los planes de boda. La labor disuasoria de la familia de Florence daría sus frutos, y un Moreno Villa que a menudo se encontraba inseguro en Nueva York, no sólo por la actitud de los padres de la joven sino también por la barrera lingüística y sociocultural que lo dificultaba todo, hubo de regresar a España en soledad y sin la compañía de la que iba a ser su esposa. En su autobiografía, el escritor reflexiona sobre las consecuencias de una relación que por veces resultaba un tanto tormentosa y sobre este desengaño sentimental desde la óptica que le ofrece una mirada retrospectiva: "Una gran cosa obtuve de esta verdadera aventura: el triunfo sobre el romanticismo. Con todo lo sufrido en Nueva York pude haber hecho infinidad de poemas jeremiacos o alguna novela desconsoladora. Pero preferí callar, reflexionar y atenerme a la saludable norma de poner buena cara al mal tiempo, que se corresponde con lo de ser 'good sport', jugador noble" (135). Pese a todo, es evidente que, desde un punto de vista literario, esta experiencia amorosa fallida con Florence no tarda en convertirse en el motor que dará lugar a la creación de dos obras fundamentales en el contexto de la literatura española compuesta a ritmo de jazz: las ya mencionadas *Pruebas de Nueva-York* y *Jacinta la pelirroja*, dos textos de enorme interés, entre otros muchos aspectos, porque reflejan la visión que sobre el jazz se formó un autor que conoció, aunque fuese sólo brevemente, el centro neurálgico de esta música a finales de la década de los veinte.

Para comprender la experiencia neoyorkina de Moreno Villa, más desde una óptica intelectual incluso que personal, es imprescindible detenerse en las *Pruebas de Nueva-York*. El volumen, aparecido en diciembre de 1927, está compuesto por un prólogo y once capítulos, todos ellos con la ciudad de Nueva York como hilo conductor y seis de ellos publicados previamente como artículos en el diario madrileño *El Sol*. En el prólogo, Moreno Villa deja claro que desea desmarcarse de todo impresionismo, y para ello apela al concepto fotográfico de la prueba, arguyendo que estas páginas no reflejan sus impresiones sobre Nueva York, sino que se trata más bien de una fotografía de la ciudad en formato de ensayo:

De ningún modo pretendo hacer el libro de Nueva-York, pero tampoco me gustaría que resultasen las páginas que siguen como "mis impresiones". Estamos ya muy lejos de todo "impresionismo"; nos recreamos mucho más con el detalle concreto y la rápida consecuencia intelectual que con una mancha colora, por muy gentil y cargada de aire ambiente que sea. Mi propósito está más cerca del término fotográfico "prueba". Quiero enseñar unas pruebas de Nueva-York. Y sin caricatura, ni deformación. Con el mayor espíritu de justicia que pueda. (8)

Pero a pesar de sus intenciones, por supuesto, el libro contiene las impresiones que la visita a Nueva York le sugirió al escritor, que se fija en la arquitectura neoyorkina, en sus calles, en sus gentes o, como en este caso, en la idea estadounidense de familia, que compara con sus referentes españoles:

El hogar, sin embargo, no existe en Nueva York. Los elementos de la familia andan todo el día disgregados, sin que tengan una hora de trabazón e intimidad. Y es que no existe la comida familiar. Todo el mundo come en los restaurantes y a la hora que puede, o, mejor dicho, en el sitio que sea. Me dicen que en ciertos Estados y entre ciertas familias se observan todavía las costumbres viejas de reunirse a comer con el antiguo sentimiento religioso que sostuvo siempre este verdadero acto de comunión; pero aquí se ha perdido. Se come con el amigo que se encuentra o se ha citado. Y esto trae consigo varias cosas: la primera, que la comida no sea refugio de intimidad; segunda, que siga siendo motivo de emociones; tercera, que el comensal haya de elegir la comida. (26)

Como vemos, estas *Pruebas* son en realidad las impresiones recogidas por Moreno Villa durante su estancia neoyorkina, y sin duda, están determinadas hasta cierto punto por la compleja y decepcionante situación personal y sentimental en que se encontraba en aquellos momentos. Así, el libro está lleno de apreciaciones de tipo sociológico, como es el caso del capítulo titulado "La niña violenta", en el que constata las transformaciones que en este espacio se estaban operando en la imagen y en la identidad de las jóvenes estadounidenses. Su retrato de las *flappers* que observa en la ciudad por fuerza está influido por su relación con la propia Florence:

La niña violenta, en cambio, es la cifra más característica de los Estados Unidos. Si me aprietan un poco diré que ella es así porque así es Nueva York y así es toda la gran República. Esa niña es adorable. Junto a sus encantos físicos tiene otros de carácter interior capaces de embaucar también. Alta y elástica, dura y blanda en sus puntos y según leyes de perfección, limpia, y acariciada más que guarecida en telas que son velos, sin memoria ya de camisas, corsés, fajas ni piezas de la tradicional indumentaria, va y viene, monta y baja con nervio seguro, sin retemblores de carne flácida y sin apariencia de dudas intelectuales. Con ímpetu gimnástico irrumpe en todas las órdenes de la vida. (61)

Es una descripción que recuerda a las que ya hemos visto en algunos de los poemas vanguardistas analizados en el capítulo anterior, pero en el caso de Moreno Villa, esa frialdad que percibe en las jóvenes neoyorkinas, que "amarán con rapidez y pasarán a la indiferencia bruscamente" (62), es más bien resultado del desengaño amoroso sufrido con Florence, que poco después poetizará en *Jacinta la pelirroja*.

Pero, sin duda, el capítulo más relevante de *Pruebas de Nueva-York* en lo referente al jazz es el undécimo y último, titulado no por casualidad "Puntos negros", sintagma con el que el autor se refiere "a los individuos de raza negra que motean el país cuadriculado de los Estados Unidos. Puntos negros que deberían figurar en la bandera yanqui alternando con las estrellas rojas" (65). En este capítulo, Moreno Villa constata la segregación racial que existe en estos años en los Estados Unidos: nos presenta a los afroamericanos reducidos a la servidumbre de una población blanca que se siente superior a ellos en todos los aspectos, nos habla de la imposibilidad de una relación interracial dada la discriminación galopante a la que están sometidos los afroamericanos, pero su tesis es "que el negro actúa sobre la vida yanqui" (67), es decir, que tiene una influencia decisiva sobre la vida cotidiana de la población blanca. Se trata de una influencia codificada culturalmente, que se va asentando en la sociedad estadounidense de una manera casi subrepticia, sin que los individuos de ascendencia europea se den cuenta de ello. Y, según Moreno Villa, la música y el baile son los vehículos principales de este influjo cultural, que posee además un intenso componente sexual: "Ninguna blanca se abraza con el negro para bailar. Pero el bailarín negro será quien imponga la danza. Y este aspecto de la sensualidad entra en América por él. Por eso digo que actúa sobre los pies y las piernas del americano. Y como a fuerza de danza se adquieren maneras y detalles dinámicos que caben en lo que ya no es danza, sino movimiento general, se puede notar que en las chicas intrépidas hay 'monadas' que son negroides, piruetas gráciles que no heredaron de las paquidérmicas razas rubias" (66). Es inevitable que Moreno Villa caiga aquí en ciertos estereotipos culturales que reducen a los afroamericanos a una visión puramente sensual e incluso irracional, pero sus palabras son certeras en lo referente a la poderosa influencia de una música negra que se estaba convirtiendo, con ayuda de las grabaciones fonográficas y el desarrollo de la radio, en la música popular por excelencia de los Estados Unidos. De hecho, aunque incluso en el medio musical de la época se dejaba notar la segregación racial imperante en la sociedad estadounidense, el contacto entre músicos negros y blancos era constante, y este intercambio cultural y musical se puede escuchar en múltiples discos de jazz y de otros géneros registrados a finales de los años veinte y principios de los treinta. Esto cristalizará en el legendario concierto que la orquesta de Benny Goodman ofrecerá en el Carnegie Hall de Nueva York el 16 de enero de 1938, en el que sobre el escenario del venerable auditorio neoyorkino se dieron cita músicos blancos como el propio Goodman, Harry James, Gene Krupa o Bobby Hackett, tocando con *jazzmen* negros como Count Basie, Teddy Wilson, Lionel Hampton o Cootie Williams. Pero los ejemplos de grabaciones interraciales incluso anteriores a este memorable concierto son innumerables, y una de las más curiosas se dio en Hollywood en julio de 1930, cuando el cantante de *country* Jimmie Rodgers—buen ejemplo de la artificialidad de las etiquetas genéricas en el negocio musical de esta época, pues su música es una mezcla de country, blues, jazz, ritmos hawaianos y la tradición del vodevil—entró en un estudio de la compañía Víctor para grabar su "Blue Yodel Number 9" con Louis Armstrong a la corneta y su esposa Lil' Hardin Armstrong al piano.

Para Moreno Villa, pues, esta influencia de la tradición cultural afroamericana sobre la población caucásica de los Estados Unidos se canaliza fundamentalmente a través de la música, "porque tal vez no hay arte más penetrante que el de la música" (67), y de los bailes que la acompañan, marcados todos ellos por la sensualidad. Y las dos formas musicales en las que se detiene el escritor en este contexto son los espirituales y el jazz. Los primeros los relaciona estilísticamente con la música europea—los frívolos cuplés y las canciones de cabaret—y con los cánticos africanos, pero incidiendo en el hecho de que las transformaciones que sufren estas melodías en suelo norteamericano eliminan toda frivolidad porque suelen estar ligadas a ceremonias religiosas: "no brotan en todo momento, sino cuando el ánimo está preparado, cuando llegó poco a poco la embriaguez mística" (67). Por ello, a juicio de Moreno Villa, el jazz tendrá una influencia mucho mayor, pues ha logrado hacerse un hueco en prácticamente todos los aspectos de la vida cotidiana estadounidense, en especial en el espacio urbano, que es el que el poeta malagueño visita y conoce. De sus palabras se desprende la total identidad que traza entre jazz y cultura estadounidense:

Se comprende la risa enormemente blanca del negro del "jazz". Se comprende el fuego que pone en su ejecución. Sabe que todas las noches su virtud hace bailar al mundo entero, y con una embriaguez desconocida de nuestros padres, envolviendo y electrizando a las naturalezas báquicas en las síncopas, quiebros y monotonía enervante de su música peculiar. Las disonancias del "jazz" son los apoyos de la monotonía, los puntales que refuerzan la virtud embriagadora del ritmo sostenido y monótono. *No puedo figurarme cómo serían los Estados Unidos sin "jazz". Creo que es una de las cosas que más unifica su fisonomía.* Es posible que este sello que pone la raza negra a las múltiples razas de los Estados Unidos sea momentáneo, transitorio; pero nadie sabe las derivaciones que trae una influencia momentánea si es fuerte. (énfasis mío, 66)

Merced a inventos modernos como el fonógrafo, la radio o el cine, que han posibilitado la creación de un lucrativo mercado para la comunicación de masas y el entretenimiento, el jazz y la cultura afroamericana en general adquirirían en poco tiempo un protagonismo y una influencia que Moreno Villa aquí sólo alcanza a atisbar. Pero para él, en 1926-27, el jazz y la producción cultural negra son elementos fundamentales de la cultura estadounidense, casi sinónimos de este país. A su juicio, de hecho, la relevancia del componente cultural afroamericano "en la historia futura de la civilización americana quedará patente, si el historiador no se venda los ojos por antipatía" (65). Y, desde luego, el propio Moreno Villa no se dejó vendar los ojos, pues el jazz posee un papel central en una de sus obras poéticas más celebradas, *Jacinta la pelirroja*.

Si *Pruebas de Nueva York* contiene el acercamiento de Moreno Villa a la urbe estadounidense desde la óptica del ensayo, con el trasfondo inevitable del desengaño amoroso sufrido con Florence, *Jacinta la pelirroja* supone la poetización de dicha experiencia traumática, objetivada a través de la literatura y con una Jacinta que es trasunto poético de la Florence real, cuyo apellido, por cierto, desconocemos. En su autobiografía, el autor valora retrospectivamente el contenido del poemario, poniéndolo en consonancia con su aventura neoyorkina:

Jacinta la pelirroja es un libro auténtico porque brota de una experiencia absolutamente concreta y personal; la de mis amores con Jacinta. Pero no por esto sólo, sino por el tono empleado en él, sin parecido con el de ningún otro poeta conocido. Ya he dicho que lo sacado por mí de aquella aventura fue mi liberación de la melancolía romántica. Me levanté a un plano vívido, confiado, por encima del abatimiento en que pude caer. Me situé como en una tribuna de hipódromo, al aire libre y al sol, o como en el interior embriagante de un cabaret de Harlem, el barrio neoyorkino de los negros. (145)

En estas líneas, escritas varios años después de la publicación original de la obra, el propio Moreno Villa alude directamente a la presencia del jazz en estas composiciones con esa mención al cabaret de Harlem, lo cual resulta lógico si tenemos en cuenta que todo el poemario está teñido de jazz, de principio a fin. Ballesteros y Neira, por su parte, destacan el "antirromanticismo *deportivo*" (25) que exhibe el poeta malagueño en *Jacinta la pelirroja*, algo que el propio Moreno Villa observa en su autobiografía al hablar de la idea anglosajona de *good sport*, esa especie de buen jugador en la victoria y en la derrota, y describen el estilo poético del volumen como "un tipo nuevo de poesía: antirromántica, anti melodramática, anti sentimental, fresca y transgresora, insólita y auténtica, como el espíritu de los tiempos, como la misma Florence, que se convertirá en *Jacinta*" (29). Quizá por esta novedad que aquí se menciona, el poemario no suscitó en su momento una enorme cantidad de reseñas; el propio Moreno Villa recuerda en su autobiografía que "lo insólito [de la obra] era lo que más atraía y desconcertaba a la gente" (145) y ofrece como ejemplos de esta reacción de sorpresa los nombres de Lorca o Gerardo Diego, "poetas nuevos [que] eran en el fondo tradicionalistas" (145). De todas formas, *Jacinta la pelirroja* tendría un impacto innegable en muchos poetas jóvenes de la época, además de contar con la admiración de pesos pesados como Alfonso Reyes o Jorge Guillén (Ballesteros y Neira 45-46).

El poemario aparece estructurado en dos partes principales: la primera de ellas nos presenta los inicios de la relación entre el poeta y Florence, convertida ya en la Jacinta literaria, subrayando tanto los momentos dulces como algunos en los que se adivinan ya las dificultades por las que empieza a atravesar esta historia de amor. La segunda adopta un tono más filosófico y sombrío —aunque con algunos momentos de esperanza—, reflexionando con esa deportividad de la que ha hablado la crítica y aceptando de manera agria pero estoica el fracaso de la relación amorosa que acabará por consumarse obligando a Moreno Villa a regresar a España sin llevar a cabo los planes de matrimonio. Eso sí, la relación de la pareja, presentada retrospectivamente poco después de su ruptura, no se evoca en el poemario de forma cronológica, sino que en cada poema encontramos diferentes momentos y estados de dicha relación, un poco como si estuviésemos ante cuadros que reflejasen situaciones específicas, lo cual probablemente remite al interés del poeta andaluz por la pintura. Y si el estilo sorprendió en el instante de su publicación es sin duda por su carácter convencional, coloquial, directo, trufado de anáforas, preguntas, exclamaciones, palabras entrecortadas que inciden en su ritmo vivaz y sincopado como el del jazz, algunos silencios con un componente musical y sensual, y muchos otros recursos literarios de los que hace uso generoso el autor.

No resulta difícil trazar una relación directa entre algunos de estos elementos estilísticos y el jazz, pues el mismo Moreno Villa lo hace en *Vida en claro* en las páginas que dedica a un comentario sucinto de *Jacinta la pelirroja*: "En el primero de estos libros quise apareciera algo del espíritu y la forma sincopada del jazz, que me embriagó en Norteamérica. ... El verso es bastante quebrado y con tendencia a ser hablado, no cantado" (154). Se refiere aquí el autor al elemento coloquial y musical del poemario, que habría sido muy diferente si no se hubiese encontrado en primera persona con el jazz en Nueva York. De hecho, el jazz emerge ya con fuerza en el primer poema, "Bailaré con Jacinta la pelirroja", y lo hace, como suele ser el caso en las composiciones de los poetas vanguardistas que hemos considerado en páginas precedentes, íntimamente ligado con el baile: "Eso es, bailaré con ella / el ritmo roto y negro / del jazz. Europa por América" (77). La sinestesia contenida en estos versos incide en el ritmo sincopado que caracteriza al jazz, así como en su procedencia afroamericana. Al igual que para Ernesto Giménez-Caballero en su obra *Julepe de menta* (1929), para Moreno Villa este baile supone una conjunción entre el Viejo y el Nuevo Continente, algo que en el caso del malagueño se hace extensivo a su relación con Florence, una unión reimaginada desde la óptica del baile. Así, el jazz no representa sólo una mezcla cultural, sino que se vuelve metonimia de la experiencia personal del poeta. Este poema trata de incorporar el ritmo sincopado del jazz a través de palabras truncadas y repeticiones de sonidos que se convierten casi en onomatopeyas musicales, un elemento que será una constante a lo largo de todo el poemario, especialmente en su primera parte: "Oh, Jacinta, pelirroja, peli-peli-roja / pel-pel-peli-pelirrojiza" (77). Tanto el ritmo del jazz como los contoneos de los bailes que lo acompañan se plasman así lingüísticamente en un poema que también explora la dimensión sexual de estas danzas, de nuevo a través de repeticiones que subrayan la ligereza rítmica del texto pero que buscan además jugar con los silencios. Y precisamente estos silencios, que forman parte del jazz tanto como las notas que se interpretan, subrayan en especial aquellas partes de la anatomía de Jacinta que la voz poética quiere evitar mencionar, incrementando de esta manera la sensualidad de estos versos y el deseo sexual que encierran:

> Qué bonitos, qué bonitos, oh, qué bonitos
>
> son, sí, son, tus dos, dos, dos, bajo las tiras
>
> de dulce encaje hueso de Malinas.
>
> Oh, Jacinta,
>
> bien, bien mayor, bien supremo. (78).

Este recurso rítmico de las repeticiones de las palabras quebradas y, en menor medida, de los silencios se convertirá en *leitmotiv* del poemario, cuya musicalidad está siempre asociada directa o indirectamente con el jazz. En su autobiografía, Moreno Villa comenta brevemente este primer poema de *Jacinta la pelirroja*, subrayando el tono antirromántico de la obra pero también reconociendo su deuda con el jazz, así como el imparable influjo cultural ejercido por los Estados Unidos sobre los países europeos, con el jazz como principal estandarte de dicha influencia: "Iniciar un libro de versos con el título de 'Bailaré con Jacinta la Pelirroja' indica un desenfado voluntario, un elocuente ¡basta ya! a los trémolos del coleante romanticismo, pero, además, confirma que toda Europa, frenéticamente entregada al 'jazz', pide que la rapte América. Tal cosa puede tomarse hoy por un presagio. Europa está siendo raptada" (156). Por supuesto, el jazz no es el único vehículo de esta suerte de invasión cultural estadounidense– pensemos, entre otros ejemplos posibles, en la maquinaria cinematográfica de Hollywood–, y en un futuro se vería reemplazado en este contexto por otras formas musicales, pero en el momento en el que un Moreno Villa dolido por su relación fallida con Florence inicia la escritura de estos versos, no cabe duda de que el jazz se había erigido en una influencia cultural de gran importancia y en la banda sonora que muchos europeos adscribían a la modernidad llegada de Estados Unidos.

Así, el ritmo sincopado del jazz preside en especial aquellos poemas que reflejan con mayor claridad la pasión y la emoción de los primeros compases de la relación del poeta con Florence. A la Jacinta literaria se dirige precisamente la voz poética en la segunda composición del volumen, "Cuando revienten las brevas", en la que imagina el momento en que Jacinta le proponga ir al tomillar con todas las implicaciones sensuales que dicho lugar evoca: "que tú sabes, tú sabes, en fin, tú sabes / que, todos los años, cuando viene Isabelilla, / cierras el libro y me dices ¿vamos al tomillar?" (79). Estas constantes repeticiones de palabras que alargan las frases considerablemente potencian el ritmo y el tono coloquial del poema, mostrando la excitación que siente la voz poética en estos instantes de felicidad. Los ejemplos de este elemento rítmico son innumerables en el libro, y suelen coincidir con escenas alegres en las que se prefigura un futuro feliz en pareja que nunca llegará o en las que el baile representa la antesala del deseo sexual, como por ejemplo en el poema "Cuando salga la gaviota":

> Jacinta la peli-peli,
>
> sentirá el pellizquito en el corazón
>
> y, de rechazo, sus dedos
>
> pellizcarán mi brazo.
>
> —Jacinta, Jacinta!...
>
> Tus movimientos son impagables,
>
> Jacinta!—le diré.
>
> Jacinta!—Y, acallando el júbilo:
>
> Jacinta, ¿imaginas que es libre la gaviota? (83)

La expresión del deseo sexual es, de hecho, un elemento que emerge constantemente en el poemario y que se presenta desde diversos puntos de vista. En los ejemplos precedentes se articula alrededor del baile y de la música, pero también puede surgir en el contexto de una simple merienda, como en el poema "Yo quiero merendar con

Jacinta", en el que la voz poética elogia de manera marcadamente sensual la forma en la que Jacinta come una cereza para pasar después a describir su anatomía tumbada sobre el césped:

> ¡Jacinta muerde tan bien la cereza!
>
> Jacinta tiene áspera la melena,
>
> pero con ondas largas, como sus piernas.
>
> Jacinta se tiende en el césped
>
> como en un mar;
>
> Jacinta es la mujer perfecta
>
> a la hora de merendar. (96)

O, como en "El hornillo es de 37 grados", se recurre a un lenguaje casi científico para reflejar el ardor sexual provocado por la presencia de la joven, que altera la temperatura normal del organismo del poeta:

> Jacinta, el horno humano
>
> delira si sube a los 42 grados.
>
> Fíjate, Jacinta, que la buena marcha
>
> exige 37 grados en la lengua que habla,
>
> en el riñón que filtra,
>
> en la uña que araña,
>
> en el cerebro que maquina
>
> y en el titulado corazón que ama. (85)

El clímax en el que desemboca este deseo sexual incontenible se subraya en los tres últimos versos del poema mediante esas dos exclamaciones de "¡Jacinta!" que remiten a los golpes de bombo de las baterías de *jazz-band* que puntúan la melodía de algunas composiciones jazzísticas: "¡Jacinta!: / Quien sube a los cuarenta, delira. / ¡Jacinta, por Dios, un paño embebido de agua fría!" (85).

Pero, por supuesto, no todo es felicidad y erotismo en *Jacinta la pelirroja*, sino que al lado de estos versos desenfrenados y celebratorios de la pasión amorosa conviven otros mucho más sombríos y con un tono más filosófico que prefigura el final desencantado de esta relación sentimental. Ya en "Muerte y vida", la voz poética se dirige a Jacinta para avisarla de los peligros que encierran el silencio, la nostalgia y, sobre todo, la rutina: "El silencio es un cadáver, Jacinta, / La nostalgia es un cadáver, Jacinta. / ... Todos arrastramos cadáveres; / el mayor, la rutina" (86). Y en el cuarto poema de la colección, "Y el chofer volvía la cara", observamos también cómo la historia de la relación con Florence convertida en la Jacinta literaria no se presenta necesariamente en orden cronológico, sino que los momentos ilusionantes del inicio de sus amores se entrelazan con las escenas finales de sinsabores. En este poema, escrito bajo una óptica retrospectiva, como un recuerdo de la voz poética que se dirige a Jacinta con un "¿recuerdas?", nos encontramos a la pareja viajando en taxi por Nueva York en un instante en el que un traspiés que no se explicita ensombrece su felicidad:

> En aquel taxis, aquella noche,
>
> y en aquel parque, llorando como de verdad,
>
> tu naricilla fría y mi barba rapada...
>
> —¿recuerdas?—el chofer, curioso y rabioso,
>
> volvía la cara de apache. (82)

En los cuatro últimos versos, tanto el paisaje urbano como el propio recuerdo de la escena se objetivan poéticamente en forma de breves trazos, de fugaces impresiones visuales, de una manera muy cinematográfica, como si se tratase de las acotaciones parentéticas de un guion de cine: "(Parque central de Nueva York, / cinco minutos cruzando la noche; / la pelirroja venal, llorando en mi hombro, / y, delante, la vacilación criminal del chofer)" (82). El elemento cinematográfico, claro está, no es casual, y en el poemario hallaremos posteriormente alusiones a personalidades importantes de Hollywood como Charles Chaplin o el entonces popular actor John Gilbert, protagonista de alguna película que la pareja debió de ver en aquellos momentos: "Aunque luego te vea palidecer / ante un drama sentimental / donde Gilbert, John Gilbert, / sufre la derrota de una estrella fotogénica" (94).

Como crónica poética que es de la experiencia traumática que Moreno Villa vivió junto a Florence durante este viaje conjunto a Estados Unidos, *Jacinta la pelirroja* recoge innumerables versos en los que se transparentan las aristas de la personalidad de la joven que al poeta le parecían más ajenas y preocupantes para el futuro de una relación que no tardará en resquebrajarse. Así, en "A Jacinta no se le conoce el amor" nos encontramos con un retrato de la amada que choca frontalmente con las caras más positivas de su carácter anteriormente comentadas. Aquí, Jacinta se nos aparece como fría, distante, pragmática y antirromántica, como una mujer aséptica, exenta de pasión y sensiblería:

> Así es Jacinta
>
> dictadora siempre del mundo de sus líneas.
>
> Jamás sensiblera
>
> jamás caediza,

jamás inflada o roma,

pesada o cautiva.

Nadie le conoce el amor

sino el que comparte su penumbra tibia. (90)

En particular, los cuatro últimos versos del poema remiten directamente a "La niña violenta", la sección de *Pruebas de Nueva-York* ya mencionada en la que Moreno Villa describe a las jóvenes estadounidenses que observa durante su estancia en la ciudad en términos muy semejantes a los que utiliza aquí. Como las *flappers* neoyorkinas de las *Pruebas*, Jacinta es elástica y esquiva, una chica incapaz de amar de la forma que la voz poética espera de ella: "Todos conocen su elasticidad, / o su aspecto de diana esquiva. / Sólo uno conoce el declive / de su alma cuando amor la visita" (90).

Esta visión más desencantada y exenta por completo de idealización de Jacinta, mucho más próxima a una crítica frontal que a un elogio, se amplía en el siguiente poema, "Jacinta compra un Picasso", en el que se incide en especial en el carácter frívolo de la personalidad de Jacinta, concentrándose aquí en su relación con una obra de arte. La frivolidad de la joven se asocia directamente con el ámbito doméstico funcional y desprovisto de atractivo en el que vive, esa "casa rectilínea, / —sin roperos, con garaje y jardín, / piscina y mullidos tapices" (91). En esta casa moderna pero puramente aséptica colgará Jacinta "un Picasso a tres tonos: / rosa, blanco y azul" (91), por cuya adquisición se siente satisfecha hasta el punto de demostrar su emoción al poeta:

Me recibe brincando. Y me abraza:

—¿No ves qué línea?—dice.

¿No ves qué fuerte y qué dulce?

Y Jacinta se besa la mano.

La mano que dio los dineros.

Dineros por arte. (91)

Pero la voz poética observa que Jacinta no ha comprado el Picasso por la emoción intelectual y artística que le despierta, sino más bien por su color, como un mero objeto decorativo; se fija en las líneas del cuadro, sí, pero no en su contenido y no le interesa desentrañar su significado. En este contexto de frialdad y frivolidad desde el que se acerca a Jacinta, el poeta insinúa no sin cierta tristeza que la compra de esta obra de arte no es para la joven más que una mera transacción económica.

Algo semejante vemos en "Jacinta quiere estudiar el teatro ruso", poema en el que la literatura no es para Jacinta más que una excusa para viajar a Moscú: "Vámonos, porque tú también eres algo rusa. / Vámonos, porque yo también soy algo ciego" (93), exclama la voz poética de una forma decididamente premonitoria. Así, poco a poco, con el paso del tiempo y de los versos, el poeta comienza a vislumbrar que el final de esta aventura amorosa está próximo y que los escollos que se van presentando en el camino de la pareja acabarán por ser insalvables. Ya en "¡Dos amores, Jacinta!" traza una comparación un tanto estereotipada entre el "amor español" y "un amorzuelo anglo-sajón", caracterizados por toda una serie de opuestos físicos y psicológicos que a la postre los harán absolutamente incompatibles: "Mira el amor sangriento / y el amor nevado. / El torillo-amor con su flor de sangre / y el amor-alpino, de choza, nieve y barranco" (99). Es como si Moreno Villa quisiese agarrarse a una explicación sociocultural, casi diríamos que pseudocientífica, para justificar el fracaso amoroso de su relación con Florence. En el antepenúltimo poema del libro, "Jacinta empieza a no comprender", la voz poética arguye que Jacinta es un ser fundamentalmente pragmático a quien sólo le importa el resultado de una aventura amorosa y no el camino a veces trufado de dificultades que es necesario recorrer, que se centra en los fines pero olvida los medios, que da prioridad a sus necesidades sobre las de los demás, que crea su propia realidad a imagen y semejanza de las tramas que ve en las películas hollywoodienses:

Jacinta no ve que siendo dulce es amarga,

no ve que su figura es de hueso y de carne,

de marfil y de cuerno,

de sangre, de piel, de cabellos, de agua,

de memoria, de voluntad, de inteligencia,

de amores y de odios

de pasiones confusas y de ensoñaciones claras.

No ve, Jacinta sino el resultado.

No ve, la divina tramoya.

No ve los dramas de la roca en la orilla,

del pensamiento caminando sobre sí mismo,

de la rosa en el fango.

¡Mundo resuelto,

vida resuelta,

final besucón de película!" (133)

Así pues, un Moreno Villa cada vez más desencantado en el marco de esta experiencia neoyorkina trata de compatibilizarse con la realidad que le ha tocado vivir y en el último verso del poema intenta convencerse a sí mismo de que un futuro con Florence / Jacinta no supondría más que "kilómetros, millas de aburrimiento" (133). ¿Quizá otro ejemplo de esa deportividad retrospectiva de la que ha hablado la crítica, de ese *good sport* malagueño que encara esta derrota personal y sentimental aceptándola de forma estoica? Tal vez. La realidad es que Moreno Villa regresa a Madrid sin Jacinta, abocado por el momento a esa soledad cuyas causas analiza en un poema precisamente titulado "Causa de mi soledad", uno de los más intimistas e introspectivos del poemario. De sus versos se desprende una afirmación, sin duda a su pesar, de su individualidad—"Soy yo mi medio" (112)—, de una sed de conocimiento que nunca lo abandonará—"Soy pico y pared" (112)—y de la necesidad de hacer frente al futuro que lo aguarda desde la soledad: "La solución de los otros / no me basta; siendo asombro. / Soy mi piloto" (112). En estos momentos duros de la ruptura amorosa y de profundo desengaño del romanticismo, el poeta comprende que le quedan muchas cosas por hacer en los años que todavía tiene por delante y que no hay más remedio que ponerse manos a la obra: "Quisiera morir habiendo / sido poeta, carpintero, / pintor, filósofo, amante y torero" (112), anuncia un Moreno Villa que, muchos años después, retomará brevemente el contacto con Florence pero ya sin expectativas de que la relación entre ambos se reavive. Y en los compases finales de esta crónica poética de un fracaso amoroso del que el poeta malagueño nunca se recuperará por completo, el jazz vuelve a emerger como banda sonora que lo ha acompañado en los diversos tramos de esta aventura fallida, cuando la voz poética añade: "¡Ah! y cantor negro / de un jazz que siento / a través de diez capas del suelo" (112). Es, sin duda, un jazz teñido de blues, de esa tristeza quejumbrosa que Moreno Villa también reconocía en el cante jondo y que tan bien refleja musicalmente la amargura del desengaño.

Escasamente dos años después de que se consumase este desengaño amoroso de Moreno Villa y el escritor regresase a España, Federico García Lorca llegó a Nueva York. Corría el mes de junio de 1929 y su aventura americana, provocada por lo que parece también por ciertos sinsabores sentimentales, lo llevaría asimismo a Vermont y a La Habana y le permitiría dar comienzo a uno de sus poemarios más atendidos por la crítica, el póstumo *Poeta en Nueva York* (1940). Hay constancia, a través de cartas y textos de carácter personal, de que Lorca viajó a los Estados Unidos tras el fracaso de su relación amorosa con un escultor que era ocho años menor que él, Emilio Aladrén, y la excusa para esta visita era la oportunidad de estudiar inglés en la Columbia University e ir bosquejando un libro sobre su experiencia neoyorkina (Maurer xiii). En su introducción a una edición en inglés de *Poeta en Nueva York*, Christopher Maurer señala que esta primera estancia de Lorca en el extranjero, que tendría una duración total de nueve meses, supuso para el granadino un encuentro frontal con la diversidad racial y religiosa de una sociedad democrática marcada, eso sí, por la segregación, y sus experiencias en Norteamérica, que tuvieron lugar "en un momento extremadamente difícil de la vida de Lorca" (xii, traducción mía), emergerían literariamente no sólo en la poesía, sino también en el teatro.

56 Maurer también observa que el viaje de Lorca coincide con el momento en el que su *Romancero gitano* (1928) está cosechando un cierto éxito crítico que al poeta, por diversas razones entre las que se puede contar su homosexualidad, que no era aceptada en la España de la época, le empezaba a costar digerir: "El contraste entre su 'imagen' pública y su yo privado, como escritor y como persona, ... se volvía cada vez más grotesco y doloroso. Los inicios de la fama lo hacían todo insoportable" (xiii, traducción mía). A esto se añaden las críticas visiblemente negativas que el *Romancero* suscitó entre algunos de sus amigos más allegados, como Salvador Dalí o Luis Buñuel, que lo consideraban un libro demasiado tradicionalista (Maurer xiv-xv). Por tanto, podría pensarse que esta estancia en Nueva York suponía para Lorca una suerte de escape en varios sentidos, pero acabó convirtiéndose en acicate para la creación de una poesía diferente que conjuga lo tradicional con lo innovador y que surge de sus observaciones de un medio urbano que le es, en un principio, extraño pero con el que trata de compatibilizarse reconociendo, para ello, aquellos elementos que le disgustan, como por ejemplo la segregación, la maquinaria capitalista o la injusticia social. De todo esto, y de muchos otros elementos, se nutre *Poeta en Nueva York*, que, para Maurer, conforma a la vez "una condena de la civilización urbana moderna [y] un oscuro grito de soledad metafísica" (xviii, traducción mía). El poemario conjuga lo social y lo personal, lo externo y lo interno, el caos del espacio urbano neoyorkino y el caos íntimo que estaba viviendo por entonces el poeta. Lo explica acertadamente Carlos Ramos-Gil en los siguientes términos:

Nueva York significó para Lorca, como para otros poetas, un choque y un despertar a la realidad angustiada de nuestro tiempo. En la ciudad-símbolo pudo contrastar los dos mundos: el mundo chiquito de los gitanos y de Andalucía, con su angustia y pena poéticas y sus muertes 'líricas', y el mundo realmente acosado por una civilización y un maquinismo monstruosos, que también tienen su poesía, poesía negativa, la del verdadero dolor, la del 'hueco' causado por la ausencia de humanidad. (296)

Lorca llegó a Nueva York, además, en un momento histórico clave, durante las semanas en las que se prefiguraba otro caos, en este caso económico, provocado por el desplome de la Bolsa en Wall Street, que en Estados Unidos daría inicio a un duro período de privaciones conocido como la Gran Depresión, cuyas consecuencias económicas y políticas se dejarían sentir en todo el globo. Asimismo, desde un punto de vista cultural, la estancia neoyorkina del poeta coincide con los últimos compases de la Harlem Renaissance, ese importante renacimiento de la cultura afroamericana que floreció en Harlem y que, además de a la literatura, englobó a otras artes como la pintura, la escultura o la música. Sabemos que Lorca tuvo ocasión de visitar este barrio que era centro neurálgico del jazz afroamericano en compañía de la escritora

Nella Larsen (Guijarro 44), y así, aunque *Poeta en Nueva York* no contiene ninguna alusión directa al jazz, sí que se observan repetidas menciones de un Harlem cuya banda sonora a finales de los años veinte y principios de los treinta era precisamente el jazz. Además, en una entrevista datada en 1933, tres años después de su regreso a España, el granadino menciona el jazz como una de las escasas contribuciones que, en su opinión, los Estados Unidos han realizado a la cultura universal, si bien el tono de sus palabras es más bien irónico y no especialmente positivo: "Las únicas cosas que Estados Unidos ha dado al mundo son los rascacielos, el jazz y los cocktails. Eso es todo. Y en Cuba, en *nuestra* América, hacen cocktails mucho mejores" (Maurer xix).

Los poemas más cercanos al jazz que encontramos en *Poeta en Nueva York* son los que componen la breve sección situada hacia el inicio del poemario y titulada "Los negros", y en especial los versos de "Norma y paraíso de los negros" y "El rey de Harlem". En el primero de ellos, la voz poética ensaya una definición cultural de los afroamericanos que observa en las calles neoyorkinas, para lo cual atiende, en primer lugar, a la influencia negativa que sobre ellos ejerce el medio urbano que los rodea y oprime:

> Odian la sombra del pájaro
>
> sobre el pleamar de la blanca mejilla
>
> y el conflicto de luz y viento
>
> en el salón de la nieve fría.
>
> Odian la flecha sin cuerpo,
>
> el pañuelo exacto de la despedida,
>
> la aguja que mantiene presión y rosa
>
> en el gramíneo rubor de la sonrisa. (23)

Tras ello, y en unos términos que por momentos recuerdan a poemas de Langston Hughes como "The Negro Speaks of Rivers" (1926) o "Afro-American Fragment" (1931), Lorca busca los orígenes de la identidad afroamericana en una suerte de paraíso perdido al que hace referencia el título y que se hallaría en un tiempo inmemorial e indeterminado y en un espacio mítico que podría identificarse con una África ancestral y que viene marcado cromáticamente por el color azul, así como también por la naturaleza y por lo telúrico:

> Aman el azul desierto,
>
> las vacilantes expresiones bovinas,
>
> la mentirosa luna de los polos,

la danza curva del agua en la orilla.

Con la ciencia del tronco y el rastro

llenan de nervios luminosos la arcilla

y patinan lúbricos por aguas y arenas

gustando la amarga frescura de su milenaria saliva. (23-24)

Es, claro está, una visión profundamente idealizada que recrea un pasado atemporal, un lugar al que ya no es posible regresar y una tradición milenaria aniquilada por la modernidad y por la opresión a la que se ven sometidos los afroamericanos en el marco de una Norteamérica abiertamente segregada. No resulta, por tanto, casual la elección del azul para dar color a estos versos, pues por un lado remite a la libertad idealizada de la naturaleza y de ese cielo africano de un azul intenso y, por otro, alude al sentimiento de tristeza que encierran expresiones musicales negras como el *blues*. El uso del azul se vuelve más insistente todavía a medida que avanza el poema:

Es por el azul crujiente,

azul sin un gusano ni una huella dormida,

donde los huevos de avestruz quedan eternos

y deambulan intactas las lluvias bailarinas.

Es por el azul sin historia,

azul de una noche sin temor de día,

azul donde el desnudo del viento va quebrando

los camellos sonámbulos de las nubes vacías. (24)

En la última estrofa se difuminan hábilmente los límites entre esta geografía africana mítica y el espacio urbano de un club de Harlem en el que por fuerza ha de sonar jazz y en el que surge el baile en unos versos de marcado tono surrealista: "Es allí donde sueñan los torsos bajo la gula de la hierba. / Allí los corales empapan la desesperación de la tinta, / los durmientes borran sus perfiles bajo la madeja de los caracoles / y queda el hueco de la danza ¡sobre las últimas cenizas!" (24).

Como bien apunta Carlos Ramos-Gil, en esta breve sección de *Poeta en Nueva York*, Lorca presenta a los afroamericanos que pululan por una Nueva York mecanizada y deshumanizada como víctimas de la segregación racial y de todo tipo de iniquidades socioeconómicas que los someten a una opresión intolerable: "Rodeados por el bosque de la destrucción, amenazados por el ímpetu mecánico y reducidos a una vida abyecta, los negros representan todavía la vida plena, y desoyen por momentos la vieja llamada de angustia que cerca a los vivientes" (297-98). Son, en suma, individuos que, a su pesar, deben conformarse a las normas impuestas por una sociedad que los rechaza y que los reduce al escalafón social más ínfimo; no resulta difícil, en este contexto, imaginar la relación directa que, a juicio de Lorca, existía entre la situación de los afroamericanos en Nueva York y la etnia gitana en diversas partes de Europa que el poeta canta en muchas de sus obras. Esta idea del individuo atrapado en un medio hostil en el que no tiene posibilidades de encajar y que aniquila todas sus opciones de agencia se explora precisamente en "El rey de Harlem", un poema más extenso en el que la voz poética se fija en el conserje afroamericano de un club o de un hotel de Harlem y reflexiona sobre la erosión identitaria que debe de experimentar el protagonista. La presencia de este conserje uniformado le sugiere al poeta todo tipo de imágenes de tono surrealista que nos vuelven a conducir a ese pasado mítico perdido en la noche de los tiempos en el que la vitalidad de este hombre no tendría límites en comparación con la tristeza palpable que siente en el presente. De nuevo se vuelve a la idea del paraíso irrecuperable e idealizado del poema anterior, pero se incide ahora en que, en el contexto urbano en el que se inserta este "rey de Harlem", resulta necesario realizar un enorme esfuerzo para tratar de recobrar incluso el más leve recuerdo de este pasado al que ya no es posible regresar:

> Es preciso cruzar los puentes
>
> y llegar al rumor negro
>
> para que el perfume de pulmón
>
> nos golpee las sienes con su vestido
>
> de caliente piña.
>
> Es preciso matar al rubio vendedor de aguardiente,
>
> a todos los amigos de la manzana y de la arena;
>
> y es necesario dar con los puños cerrados
>
> a las pequeñas judías que tiemblan llenas de burbujas,
>
> para que el rey de Harlem cante con su muchedumbre,
>
> para que los cocodrilos duerman en largas filas,
>
> bajo el amianto de la luna,
>
> y para que nadie dude la infinita belleza
>
> de los plumeros, los ralladores, los cobres y las cacerolas de las cocinas. (26)

Estos versos subrayan la profunda injusticia de una sociedad articulada a partir de una rígida división racial y describen el dolor que Lorca reconoce en las miradas y en los gestos de los afroamericanos con los que se cruza en Nueva York. El jazz no tarda en deslizarse sutilmente en un rítmico y quejumbroso apóstrofe a Harlem, con el que la voz poética lamenta la opresión sufrida por toda una raza representada por la figura silenciosa de este conserje:

60

¡Ay Harlem! ¡Ay Harlem! ¡Ay Harlem!

No hay angustia comparable a tus ojos oprimidos,

a tu sangre estremecida dentro del eclipse oscuro,

a tu violencia granate, sordomuda en la penumbra,

a tu gran rey prisionero, con un traje de conserje. (26)

En las dos últimas estrofas del poema se dan cita, en el espacio urbano de Harlem, todo tipo de imágenes que remiten al colonialismo, cuyos efectos se dejan sentir con fuerza en esta Nueva York segregada en la que los afroamericanos han de renunciar a su identidad con el único objetivo de sobrevivir. La sangre aparece entonces como símbolo de vitalidad reprimida, de violenta ira que hierve bajo la piel de los individuos, de pulsión por escapar de una situación de injusticia y opresión, en unos versos cuyas continuas repeticiones recuerdan el ritmo sincopado del jazz:

¡Negros! ¡Negros! ¡Negros! ¡Negros!

La sangre no tiene puertas en vuestra noche boca arriba.

No hay rubor. Sangre furiosa por debajo de las pieles,

viva en la espina del puñal y en el pecho de los paisajes,

bajo las pinzas y las retamas de la celeste luna de Cáncer.

Sangre que busca por mil caminos muertes enharinadas y ceniza de nardos,

cielos yertos, en declive, donde las colonias de planetas

rueden por las playas con los objetos abandonados.

Sangre que mira lenta con el rabo del ojo,

hecha de espartos exprimidos y néctares subterráneos.

Sangre que oxida al alisio descuidado en una huella

y disuelve a las mariposas en los cristales de la ventana. (27-28)

En este contexto, la voz poética imagina a este rey de Harlem, que externamente no es más que un triste conserje de hotel, como una suerte de potencial líder que en un futuro pudiese conducir a la libertad a "los cocineros y los camareros y los que limpian con la lengua / las heridas de los millonarios" (29) que habitan este Harlem deshumanizado que a la vez los contiene y los rechaza. Una nueva repetición con sentido profundamente rítmico del verso "¡Negros! ¡Negros! ¡Negros! ¡Negros!" (30) alienta a toda la comunidad afroamericana a luchar por esa libertad representada ahora por la luz del sol de África "que se desliza por los bosques / seguro de no encontrar una ninfa" y que "baja por el río / y muge seguido de caimanes" (30), incluso aunque esa lucha pueda suponer la muerte para algunos, recordándoles que "jamás sierpe, ni cebra, ni mula / palidecieron al morir" (30). Finalmente, el jazz vuelve a dar color a la última estrofa del poema, en la que un apóstrofe dramático a Harlem evoca los sonidos de este barrio neoyorkino en el que se entrelazan la opresión, la mecanización, la violencia, el ruido y la desesperación pero que también es escenario del jazz y de una rica vida cultural e intelectual afroamericana:

¡Ay, Harlem disfrazada!

¡Ay, Harlem, amenazada por un gentío de trajes sin cabeza!

Me llega tu rumor.

Me llega tu rumor atravesando troncos y ascensores,

a través de láminas grises,

donde flotan tus automóviles cubiertos de dientes,

a través de los caballos muertos y los crímenes diminutos,

a través de tu gran rey desesperado

cuyas barbas llegan al mar. (30-31)

En el resto del poemario, Lorca volverá sobre estos temas desde diversas perspectivas, y sus versos reflexionarán hondamente desde una óptica marcadamente surrealista sobre cuestiones como las injusticias sociales, la deshumanización provocada por el profundo mecanicismo de la sociedad capitalista estadounidense, el alejamiento de la naturaleza que se experimenta en la gran ciudad o la radiografía de las relaciones personales que surgen en este contexto urbano, pero el jazz ya no emergerá de la forma constante en que lo hace en estos poemas ambientados en Harlem. El libro termina no con una salida, sino más bien con una huida de Nueva York y con la posterior llegada a La Habana, una huida que se poetiza a ritmo de vals en dos composiciones que se encuentran entre las más famosas de esta colección póstuma. La primera de ellas, "Pequeño vals vienés", la adaptaría el cantautor canadiense Leonard Cohen años después como "Take This Waltz" y la incluiría en su álbum *I'm Your Man* (1988), puntuando musicalmente el ritmo ya de por sí muy musical de los versos originales de Lorca:

¡Ay, ay, ay, ay!

Toma este vals con la boca cerrada.

Este vals, este vals, este vals,

de sí, de muerte y de coñac

que moja su cola en el mar. (127)

De esta manera, Lorca cierra su estancia neoyorkina, huyendo del asfalto de las calles y del cemento de los rascacielos, en busca de otras tierras y otras experiencias. Y lo hace al son suave de un clásico vals vienés, dejando atrás el jolgorio, el bullicio y el ritmo sincopado y frenético del jazz que conoció en Harlem.

Capítulo III
Silencios y tenues voces jazzísticas: La posguerra y los años cincuenta

Para los dos protagonistas del capítulo anterior, como para millones de personas dentro y fuera de España, la Guerra Civil librada entre 1936 y 1939 supuso una tragedia a diferentes escalas. Moreno Villa volverá a Nueva York en 1939 y acabará pasando el resto de su exilio, hasta su fallecimiento en 1955, en México, donde su actividad artística e intelectual nunca se detendrá a pesar de los escollos económicos y psicológicos con los que se encuentra. En México es precisamente donde escribe y publica la ya citada autobiografía, *Vida en claro*, en la que reflexiona sobre la relación del poeta con la realidad circundante:

Un constante aterrizar y despegar es la acción del poeta en la vida. Le es tan necesaria la tierra como el cielo. Sin el apoyo duro, no puede dar el salto. Pero si tragedia es que ni la tierra ni el cielo le satisfacen. La vida en la tierra es demasiado complicada y violenta; la vida en el cielo demasiado simple o llena de nubes. Por esto su acción es de fuga constante. He pretendido aquí detener y presentar dicha acción. Acaso no he subrayado debidamente la angustia permanente que sofoca al hombre de este género. Pero esa nota constante quedó adherida a sus poemas. (263)

Lorca, por su parte, morirá asesinado en 1936 por el bando vencedor de la guerra fratricida, silenciándose así su creación poética y artística, pero adquiriendo a partir de entonces una dimensión icónica que ha trascendido las fronteras de lo literario.

Según José María García Martínez, la Guerra Civil "terminó con una *edad de oro* del jazz, y no sólo del jazz" (121), es decir, los años de la primera popularización y florecimiento de esta música en la década de los veinte y la primera mitad de los treinta. Este autor señala que los dos bandos que se enfrentaron en la contienda deploraron el jazz por distintas razones, algo con lo que concuerda también Jordi Pujol Baulenas en su estudio ya citado sobre el jazz en Barcelona, en el que subraya la visión negativa que se tenía del jazz hacia el final de la guerra: "A pesar de lo que pudiera sugerir el nombre de aquellas orquestas, el jazz tuvo muy poco protagonismo durante aquellos primeros meses de 1939. No era una música políticamente bien vista ni por los vencidos, que la consideraban capitalista, ni por los vencedores, que habían iniciado una feroz campaña xenófoba contra todo lo que pudiera extranjerizar nuestras costumbres" (52). Con todo, el conflicto bélico no impediría que, al menos en Madrid y Barcelona, se celebrasen conciertos y representaciones teatrales incluso durante el transcurso de la guerra. García Martínez afirma que "las taquillas de los teatros de la ciudad [de Madrid] hicieron más dinero en el año 1938 que nunca en su historia" y cita también unas palabras de Salvador Font según las cuales en Barcelona "durante todo el año 1937 se hicieron unas matinales de jazz en el Teatro Tívoli y en el Coliseum con un ambiente fantástico" (122).

Todo ello continuaría al término de la guerra, con el objeto por parte de las autoridades franquistas de dar un barniz de la mayor normalidad posible a los duros años que para la mayoría de la población quedaban por delante. Así, los locales de ocio—cines, plazas de toros, *night-clubs*—no tardaron en volver a abrir sus puertas en 1939 y la actividad fue frenética en ciudades como Madrid, San Sebastián o, en especial, Barcelona, que en el contexto de la II Guerra Mundial y aprovechado la neutralidad de España, conocería un florecimiento económico, artístico e intelectual muy importante en los años cuarenta. En lo referente al jazz, como veremos, la actividad en el medio barcelonés resultó tan fértil que Pujol Baulenas no tiene reparos en calificar a dicha ciudad como "capital del jazz en España" (71), lo cual no es en absoluto una exageración. En Barcelona, de hecho, ya desde los primeros compases de los años cuarenta, orquestas como la de Luis Rovira o la Hot Club mantienen vivo el sonido del jazz en el ambiente nocturno de la ciudad y no tardarán en celebrarse las llamadas *semanas de hot*, con una excelente acogida por parte del público (Pujol Baulenas 59), a pesar de que, en principio, el contexto ultranacionalista en el que se tachaba de sospechosa o directamente se prohibía cualquier expresión cultural anglosajona no fuese el más propicio para la celebración de este tipo de eventos. Estas *semanas de hot*, no obstante, pondrían la primera piedra para la refundación del Hot Club de Barcelona, que entre muchas otras actividades, promovería la organización de conciertos con objeto de reclamar el jazz ya no sólo como música de baile, sino también como música que merece presentarse en las salas de conciertos y considerarse como algo más que música bailable y popular. Pujol Baulenas ofrece un interesante retrato-robot de los asistentes a estas presentaciones jazzísticas en la Barcelona de la más inmediata posguerra:

Entre los hotfans que asistían a estos conciertos predominaba un público joven y de clase media, formado por una minoría cercana a la derecha conservadora y un sector mayoritario, de carácter más progresista y talante más cosmopolita, que simpatizaba con la causa aliada en la guerra europea. Para estos últimos, el jazz también significaba una forma de vida enfrentada ideológicamente al régimen político y al espíritu nacionalista, que se identificaban con géneros tan tradicionales en España como la copla y el flamenco. (70)

Como podemos observar, esta radiografía ideológica de los aficionados al jazz barceloneses en esta época resulta más compleja y menos monolítica de lo que podría pensarse: el poder adquisitivo y la posición económica tienen, obviamente, su importancia, pero bajo la superficie pueden adivinarse con facilidad las semillas de una contestación social y política al nuevo régimen dictatorial que para una importante mayoría de aficionados representaba el jazz. Es algo embrionario y tímido todavía en los inicios de la posguerra, pero la visión del jazz como una música moderna y subversiva que se desprende de algunos poemas de las vanguardias de los años veinte y treinta sobrevive a la Guerra Civil y se transparenta en algunos de los escasos versos jazzísticos que se componen en los cuarenta y cincuenta.

Así las cosas, no resulta extraño que en un primer momento el régimen franquista sometiese el jazz a una censura más o menos férrea que se dejaba notar, sobre todo, en las programaciones radiofónicas, de las que se ausentó durante un tiempo, aunque algunas emisoras comenzaron a programar discos de jazz etiquetándolos como "música moderna" con la intención expresa de eludir al censor (García Martínez 127). Según García Martínez, además, traducir los títulos y las letras de los temas al español se convirtió en una práctica común, algo que afectaba incluso a los nombres de los músicos, lo que provocó una situación tan ridícula como que Count Basie se conociese como "el conde Basie" o Thelonious Monk como "Celedonio el monje". La censura, no contenta con ello, trató de controlar—a veces con escaso éxito—el sonido de la música y la apariencia externa de sus intérpretes, así como las diversas actividades de los varios Hot Clubs que empezaban a nacer en algunas ciudades españolas:

El censor mandaba callar al trompetista demasiado estridente, bajaba las faldas demasiado cortas de la corista, corregía escotes demasiado exuberantes. Las letras de las canciones se las mandaba traducir por si faltaban a la moral, la autoridad o el buen orden. Los censores tenían la costumbre de hacer la vida imposible a sus conciudadanos y en esto, los Hot-club no fueron excepción. Se les ordenaba una contabilidad tan rigurosa como absurda teniendo en cuenta la naturaleza de los mismos: se fiscalizaba sus reuniones y estatutos. En el caso del valenciano, la Delegación de Educación Popular tiró por la directa y ordenó su cierre. Delito: propagar "una música exótica y pagana". (García Martínez 127)

Pese a todos estos obstáculos, la influencia incontenible del jazz, del *swing* y del pop procedentes de los Estados Unidos continuó abriéndose paso y dejándose notar en la aparición de *crooners* de enorme popularidad en España, como el valenciano Jorge Sepúlveda o posteriormente el barcelonés José Guardiola, y grupos vocales con evidentes ecos jazzísticos, como el Cuarteto Vocal Orpheus o los Siete de Palma, liderados por el versátil instrumentista y vocalista mallorquín Bonet de San Pedro. De mayor importancia para la difusión y promoción del jazz en España fue la creación o refundación a lo largo de los años cuarenta de innumerables Hot Clubs, entre los que destacan el de Madrid y el de Barcelona. El madrileño nació en 1948 y no tardó en promover *jam sessions*, revistas, boletines, algunos conciertos e incluso alguna que otra grabación discográfica (García Martínez 137-40). Pero, sin duda, la más relevante de estas asociaciones fue el Hot Club barcelonés, que resurge con fuerza dos años antes, en 1946, en un momento especialmente propicio, ya que debido al armisticio en Europa, Barcelona comienza a llenarse de todo tipo de artistas llegados del resto del continente y de América, como es el caso el director de orquesta parisino Bernard Hilda, que se convertirá en figura ineludible de la actividad musical de la ciudad durante la posguerra. Como su homólogo madrileño, el Hot Club de Barcelona trabajaría incansablemente en varios frentes dedicados a la promoción del jazz—audiciones de discos, *jam sessions*, debates, coloquios, emisiones radiofónicas, la publicación de la revista *Ritmo y Melodía*, la edición ocasional de discos, etc.—y en este sentido su actividad fue especialmente fecunda y relevante, ocasionando que se fundasen clubes semejantes en muchas otras localidades catalanas (García Martínez 151).

Barcelona se convirtió durante la posguerra, de hecho, en crisol de todo tipo de influencias jazzísticas que, por diversas razones históricas, sociales y culturales, se dieron cita y entraron en contacto en la ciudad. Al *swing* suave y agradable de Bernard Hilda hay que sumar, por ejemplo, el contingente de músicos cubanos que desembarcaron allí desde el final de la Guerra Civil, instrumentistas como Jaime Camino, Channy Carrillo o Armando Orefiche, cuya música rezumaba jazz por los cuatro costados: "Los trompetistas caribeños", como apunta García Martínez, "dieron color, musical y del otro, a las orquestas. Las suyas eran, con mucha frecuencia, bastante más interesantes desde el punto de vista del jazz, que las que se decía de *hot*" (156). La radio, el cine y las grabaciones fonográficas ayudaron también a la difusión del jazz en el ámbito urbano en estos años difíciles: si bien la censura realizó su labor represora, algunas películas estadounidenses con contenido de swing y jazz llegaban desde Hollywood a contadas salas de proyección españolas y los más afortunados podían encontrar algunas ediciones discográficas relacionadas con el género. García Martínez deja constancia, asimismo, de los varios programas radiofónicos dedicados al jazz que sorteaban la censura como podían a lo largo de la geografía española (153-154) y Pujol Baulenas cita el papel que jugaban emisoras de onda corta como Radio Montecarlo y las escasas gramolas automáticas o *jukeboxes* disponibles en algunos bares barceloneses en la programación del jazz en esta época (176).

Queda claro que la situación no era la misma en cualquier ciudad o localidad de provincias que en Madrid, San Sebastián o Barcelona, pero quizá lo que marcaba la diferencia en la Ciudad Condal era la inmensa implicación de la intelectualidad local en todo lo relacionado con la difusión del jazz, el apoyo incondicional que muchos intelectuales ofrecieron a las diversas iniciativas del Hot Club y de otras asociaciones afines. Esto explicaría la multitud de sesiones de audiciones de discos, de debates, de conferencias y de coloquios alrededor del jazz que se organizaron en Barcelona durante los difíciles años de la posguerra, y que culminarían, ya en la década de los cincuenta, en la celebración del Salón de Jazz de Barcelona o en la convocatoria en 1957 del Gran Premio del Disco de Jazz, entre muchas otras actividades reseñables. Lejos de quedar en manos del Hot Club barcelonés únicamente, este tipo de eventos contaban con la participación y con el apoyo de un grupo importante de intelectuales y de asociaciones culturales como la Agrupació de Discòfils del Foment d'Arts Decoratives, el Club 49 o la revista *Dau al set* (García Martínez 145), algunos de cuyos colaboradores se encuentran entre los poetas que en estos años dieron protagonismo al jazz en sus versos. Como es de esperar, por supuesto, tanto en Barcelona como en Madrid continuó habiendo amplios sectores de la opinión pública que no veían con buenos ojos la creciente popularidad de esta música foránea y que no dudaron en alzar sus voces para criticarla con dureza. Tal es el caso, por ejemplo, del jesuita José María Nemesio Otaño, director de la revista *Ritmo*, que ya desde 1942 dio comienzo a una verdadera cruzada en contra del jazz desde las páginas de dicha publicación, en la que se encuentran palabras incendiarias como las firmadas por Francisco Padín, su redactor-jefe:

Que la música es un factor de suma importancia en la educación del individuo y de la colectividad, es innegable. Por ello mismo, oír un día y otro música extranjera intrascendente y frívola, cuando no excitante de las pasiones, a nada práctico conduce, como no sea a la pérdida y estrago del gusto. Además, se perjudica con ello el amor y el sentimiento por lo nacional, por lo auténticamente nacional. ¿Acaso no tenemos dónde escoger en la cantera inagotable y magnífica de nuestra música popular? ¿O es que son mejores y de más valía las estridencias de la música americana y negroide que la de nuestros cantos regionales, exponentes maravillosos de finura, gracia y colorido? Porque no es cosa de que a nosotros los españoles, como dice José María Pemán, a nosotros los hispanos, nos guste imitar a los negros, que precisamente recibieron el bautismo y la civilización cristiana de nuestros conquistadores y de nuestros evangelizadores. (Pujol Baulenas 125)

Artículos como este de Padín rezuman elitismo y falta de comprensión musical, pero sobre todo, son ejemplos del nacionalismo a ultranza y del tono abiertamente racista y paternalista que evidencian muchos acercamientos críticos al jazz en la posguerra. Pujol Baulenas cita, asimismo, un texto de Justo Ruiz Encina, publicado en 1944 en *El Correo Catalán*, que incide en las supuestas consecuencias negativas del jazz en la juventud española, desde una óptica que se pretende científica pero que en realidad tiene mucho más de moral y religiosa:

Queremos examinar brevemente, pero con todo rigor, las funestas consecuencias que el "hot" puede acarrear al espíritu de las nuevas generaciones nacidas al calor—valga la paradoja—de la frivolidad moderna. Y no precisamente en el aspecto fisiológico, sobre el que otros autores han escrito mucho, sino en lo que a la moral católica se refiere. El "hot" es producto de la degeneración de costumbres importada a nuestra patria, después haber sido experimentada en otros países... Por eso nos atrevemos a afirmar que el "hot" es anticristiano y entraña una malicia satánica que acarreará—de no poner freno a sus desenfrenos—lamentables efectos. (161)

68   Para Ruíz Encina, pues, el jazz es nada menos que anticristiano y satánico, lo cual nos puede llevar a pensar que el autor de este artículo quizá se tomó de manera demasiado literal y seria la audición del "Satan Takes a Holiday" de Benny Goodman.

En este contexto de opiniones divididas, sin embargo, el jazz continuó floreciendo en Barcelona, y en menor medida en Madrid o San Sebastián, entre otros lugares de la geografía española. Junto a todas las iniciativas anteriormente mencionadas que animaron la escena jazzística barcelonesa, los acontecimientos más importantes y que dejarían una impronta indeleble en los aficionados, los músicos y los intelectuales de la ciudad fueron, sin duda, los varios conciertos de jazz que se empezaron a celebrar a partir de mediados de la década de los cuarenta. Fueron estos eventos los que marcaron el papel pionero de Barcelona en todo lo referente al jazz y los que le aseguraron con toda justicia esa etiqueta de capital del jazz en España a la que alude Pujol Baulenas en su estudio. Estos conciertos fueron posibles en parte gracias al interés del público y a la infraestructura musical que poco a poco se iba reconstruyendo en la ciudad y coinciden, además, con la llegada del algunos de los más grandes nombres del jazz estadounidense y europeo. Uno de los primeros, en 1946, fue el saxofonista George Johnson, que previamente había tocado con luminarias como Rex Stewart o John Kirby, y que, después de unas primeras presentaciones titubeantes, sorprendió a la audiencia con su sonido moderno en el Salón Amaya barcelonés, donde, en palabras de Alfredo Papo, "dio libre curso a su inspiración, inventando unas frases llenas de frescor y de melodía", y donde, "sin esfuerzo alguno . . . se encontraba entonces realmente *in the groove*" (García Martínez 164).

Tan importante o más fue la llegada a tierras catalanas del también saxofonista Don Byas, quien desembarca en Barcelona en junio de 1947 como integrante de la orquesta de Bernard Hilda, que durante aquella estancia en la ciudad grabará algunos discos para Columbia. Esto ya eran palabras mayores, pues como señala acertadamente Pujol Baulenas, "desde la presencia de Benny Carter en Barcelona, en febrero de 1936, ningún músico americano de primera categoría había vuelto a tocar en nuestro país, y el hecho de que Byas pudiera hacerlo parecía sencillamente increíble" (226). Probablemente, la presencia de Byas, un músico tan innovador y versátil que unas décadas después, tras establecerse permanentemente en Europa, llegaría incluso a grabar un excelente disco acompañando a la fadista portuguesa Amália Rodrigues, no habría sido posible fuera del marco de la *big band* de Hilda a la que entonces pertenecía, pero su impacto en la escena barcelonesa del jazz fue gigantesco porque el saxofonista se convirtió en un verdadero catalizador de mucho de lo que vendría posteriormente. Por fortuna, sus actuaciones no se limitaron a cumplir lo que el contrato del restaurante Copacabana con Hilda y su orquesta estipulaba, sino que el local pronto promovió la celebración de unas *jam sessions* semanales a altas horas de la madrugada, con Byas como atracción principal, en las que el *jazzman* deba rienda suelta a sus capacidades improvisatorias especialmente en baladas como "Star Dust", "Tenderly", "Lover Man" o "Laura" (Pujol Baulenas 227).

Junto con la ya mencionada visita de George Johnson, estas sesiones nocturnas de un maestro del saxofón como Byas supusieron la introducción en España del *bebop*, un estilo de jazz más moderno que procede del *swing* pero que lo trasciende, que se suele identificar con grandes innovadores dentro del género como Charlie Parker o Dizzy Gillespie, entre otros, y que contribuirá no sólo a modernizar el jazz sino a convertirlo en una música más compleja y diseñada más para la atenta escucha que para el baile. En este sentido, los *beboppers* eran verdaderos revolucionarios que provocarían todo un cisma en el seno de la crítica especializada—incluida, por supuesto, la española—y entre los aficionados, y en este sentido, Byas fue el perfecto introductor de esta nueva tendencia en España porque había tenido la oportunidad de colaborar extensamente con luminarias del *bebop* como Gillespie o Parker, entre otros, pero todavía retenía un cierto gusto por el *swing* (Pujol Baulenas 227). Esta primera estancia de Byas en Barcelona, aunque fue breve, marcó un antes y un después en el medio jazzístico de la ciudad: así, fue a través de este saxofonista como un joven pianista llamado Tete Montoliú entró en contacto con el *bebop* por primera vez, lo cual lo llevaría casi inmediatamente a modificar en aspectos muy sustanciales su concepción musical, y de forma retrospectiva puede afirmarse que las *jam sessions* en el Copacabana fueron preludio de la nada despreciable serie de conciertos de jazz, algunos de rutilantes estrellas internacionales como cabeza de cartel, que Barcelona acogería a partir de los años cincuenta. En la mayor parte de estas actuaciones se implicó desde un punto de vista organizativo el Hot Club de Barcelona, y gracias al esfuerzo de promotores como Alfred Matas, los aficionados catalanes que podían permitírselo tuvieron la oportunidad de ver en acción en riguroso directo a personalidades de la talla del pianista Willie "The Lion" Smith, el clarinetista Mezz Mezzrow (autor, además, de la valiosa autobiografía *Really the Blues*, traducida al español como *La rabia de vivir*), el saxofonista Bill Coleman o el vocalista y guitarrista de *blues* Big Bill Broonzy. Ya en 1953, desembarca por primera vez en la ciudad Dizzy Gillespie, con lo cual el público tuvo ocasión de encontrarse cara a cara con su explosivo *bebop*, y el aluvión de conciertos se intensificó en la segunda mitad de la década con las presentaciones, entre otros, de Louis Armstrong, Cootie Williams, Sister Rosetta Tharpe, Sidney Bechet, el mismísimo *conde* Basie o Lionel Hampton, Este último, el espectacular vibrafonista que había formado parte en los años treinta del cuarteto interracial de Benny Goodman, visitó Barcelona en dos ocasiones durante la década de los cincuenta, y en su segunda estancia en España tocaría también en Madrid, donde según el testimonio de Fernando Fernán-Gómez, causó un verdadero furor entre los asistentes al concierto: "El trompeta brincaba en su silla, se ponía de pie sobre ella, se volvía a sentar. Se lanzó al suelo sin separar la trompeta de sus labios. Agitaba las piernas, daba volteretas sin dejar de tocar ni perder el ritmo. Los espectadores, contagiados, saltaban en sus asientos, se atrevían, por primera vez en Madrid, a bailar en los pasillos del patio de butacas" (García Martínez 173)[2]. Si bien estas palabras inciden fundamentalmente en la dimensión espectacular y bailable de jazz, no es difícil entrever el aspecto subversivo y revolucionario que esta música representaba para los jóvenes de la época que asistieron a estos conciertos, algo que no se le escapaba a un por entonces también joven Francisco Umbral, que en un artículo en el diario *El País* en los años ochenta rememoraba así la actuación de Hampton varias décadas después: "Lo que había sido el jazz en América, lo fue para nosotros durante veinte, treinta años. El jazz nos puso un alma donde no la teníamos" (García Martínez 175). Un juicio que, por lo demás, no es muy diferente de los que posteriormente suscitarían otros géneros de música popular por llegar como el rock o el *punk*.

Con toda esta actividad en torno al jazz en plena ebullición en especial en Barcelona, no resulta extraño que en los escasos textos poéticos en los que se desliza el jazz en la posguerra pueda observarse una leve pero constatable evolución, particularmente en lo referente al contenido de las composiciones. Poco a poco, los versos comienzan a evidenciar un mayor conocimiento por parte de sus autores del universo del jazz, de sus cualidades musicales, de sus orígenes, de su sociología y también de la identidad de sus intérpretes, algunos de los cuales visitarán España y comenzarán a introducirse tímidamente en algunos poemas dedicados al jazz. En los años cuarenta y cincuenta, esto no es más que el preludio de toda una mitología y de toda una suerte de mística que envolverá a ciertos músicos de jazz en las décadas subsiguientes a ojos de algunos poetas españoles, pero es de enorme importancia como constatación de este cambio de paradigma que se intensificará en el futuro y que, en los años posteriores a la Guerra Civil, se irradia al resto de España fundamentalmente desde Barcelona, que empieza a acoger con fervor las visitas y las presentaciones en vivo de todo tipo de *jazzmen* foráneos. Ya el lucense Luis Pimentel, figura de enorme importancia en las letras gallegas que también escribió en castellano, había compuesto un "Elogio al saxofón", probablemente antes de la guerra, a pesar de que la mayor parte de su producción literaria se publicaría en los años de la posguerra. Como su propio título indica, Pimentel dirige en este poema un animado elogio al saxofón a través de un apóstrofe directo al instrumento que, junto con la batería, más se ha identificado con el jazz. La voz poética comienza fijándose en la forma del instrumento, comparándolo con un cisne "en un Danubio azul / de la más deliciosa cursilería" (123), aludiendo así a la forma clásica del vals para a continuación describir sus cualidades sonoras en consonancia con el origen exótico del jazz y la energía vital de sus intérpretes:

---

2 Para profundizar en mayor detalle en estos conciertos de jazz realizados en Barcelona en los años cincuenta, conviene consultar los trabajos de García Martínez 171-75 y, sobre todo, Pujol Baulenas, capítulos 7-10.

Estrellas en un terciopelo fosforescente

son tu voz temblorosa,

transfusión de tu sangre dormida

a la del negro que sueña

con una selva luminosa. (123)

El jazz afroamericano tiene la sangre y la vitalidad de que carecen los valses europeos más asépticos, y a juicio de la voz poética, esto lo simboliza perfectamente el saxofón, que opera una transformación de la voz humana que remite no sólo a ese espacio natural y remoto, probablemente africano, en el que imagina y sitúa el origen del jazz, sino también a la relación directa que se establece entre la música y ese elemento que la hace posible al pasar a través del instrumento, que es el viento:

La voz del hombre,

al pasar por tu cuello de plata,

canta sobre los lagos en reposo.

Y haces sonoro el viento

que, dentro de las cañas

de un río remoto, duerme. (123)

El apóstrofe al saxofón que Pimentel realiza en este poema de versos breves caracterizados por una intensa fuerza visual se cierra con dos versos que reflejan la forma en la que las notas que surgen del saxofón embellecen la interpretación musical de la orquesta. "En el ébano del piano, / deposita tus flores y tus estrellas" (123).

Ya hemos visto que, desde un punto de vista instrumental, la batería y el saxofón se percibían en estos momentos como sinónimos de jazz, tanto si una orquesta realmente interpretaba este género musical como si no, pero la celebración del saxofón que lleva a cabo aquí Pimentel apunta hacia un deseo de transcender la visión del jazz como mera música de baile y de reclamar para él un estatus de música respetable y comparable a corrientes clásicas con mayor reconocimiento crítico y social. Sin embargo, en la poesía española de los años cuarenta y cincuenta, esta evolución sería más bien lenta, y entre los poemas que dan cabida al jazz en esta época encontramos todavía algunos que se inscriben en esa tendencia a identificar el género como música de baile y a amalgamarla especialmente con el fox-trot. Tal es el caso, por ejemplo, del zaragozano Miguel Labordeta, hermano del conocido cantautor aragonés José Antonio Labordeta, en cuyo poema titulado precisamente "Fox-trot" e incluido en su libro *Sumergido crecimiento* (1945) se observa un marcado influjo de las corrientes surrealistas. La composición, de versos breves que buscan reflejar el ritmo frenético y sincopado del jazz, es una descripción del fox-trot no demasiado diferente de lo que encontramos en los poetas vanguardistas de las décadas precedentes: el jazz aparece aquí sobre todo como música de baile, como acompañamiento de ese fox que es una "danza de la sangre / en la que el ritmo del Sol / hasta los tuétanos embriaga" (171). Se trata de unos ritmos que suscitan una danza enérgica, desenfrenada, casi atávica, que es inevitablemente preludio del deseo sexual y carnal y que se desarrolla principalmente en un espacio nocturno:

72

> Noche loca de deseo
>
> y de abrillantados ojos
>
> en la que los amantes
>
> se preparan para la pequeña
>
> muerte sexual.
>
> Gloria de la carne,
>
> fugitivo esplendor que se adormece
>
> en los besos, lánguidamente. (171)

Se celebra aquí, sobre todo, la dimensión sensual, abiertamente orgásmica—nótese la alusión a la *petite mort*, como se define a menudo en francés al orgasmo—del baile al que se asocia el jazz, y ese encuentro sexual que ya se prefigura en la danza se subraya rítmicamente en los últimos versos del poema con esa insistente repetición precisamente de la forma en gerundio *repitiéndose*, que evoca un vaivén tan sincopado como lujurioso:

> Los brazos tocan las estrellas,
>
> allá en el fondo, tenuemente,
>
> el secreto perfumado de una mujer
>
> se nos revela entre la quieta locura
>
> de su sonoridad, repitiéndose,
>
> constantemente repitiéndose. (171)

El mismo año en el que Labordeta compone su canto al *fox-trot*, otro zaragozano, Ildefonso Manuel Gil, firma un "Poema del *fox-slow*" que se incluye en su colección *Poemas de dolor antiguo* (1945). Este autor aragonés, que había fundado en 1934 la revista *Literatura* y había pasado varios meses encarcelado durante la Guerra Civil, llevaba ya desde los años treinta formando parte de la escena literaria de Zaragoza y posteriormente ejercería la docencia en los Estados Unidos entre 1962 y 1981 (Guijarro 348). La mayor parte de su obra poética se publica después de la guerra, como es el caso de su canto al *fox-slow* en el que, de nuevo, el jazz aparece estrechamente ligado al baile. Articulado a través de una serie de tercetos encadenados endecasílabos, el poema, de manera semejante al anterior de Labordeta, insiste en el origen exótico de esta música, pero también en su procedencia estadounidense:

En tu mar proceloso de metales,

mi médula inconcretos bienes goza

de sal y nácar, de algas y corales.

Desde una selva antigua el viento roza

un torrente de luz y rascacielos;

se escucha una alegría que solloza. (157)

Pero, al igual que Labordeta, a Gil le interesa subrayar el aspecto visual del jazz que se objetiva en un baile frenético puntuado por el ritmo sincopado e intenso en el que destaca, por encima de todo lo demás, el sonido a la vez atronador y melodioso de los saxofones y de las trompetas. Como en muchos textos vanguardistas precedentes, la sensación que produce la música se describe aquí en términos que hacen referencia a lo meteorológico y al medio natural:

¡Qué dispersión de piernas por el suelo!

Los saxofones gimen como un alma

en exilio perpetuo de su cielo.

En olas tempestad y fondo en calma.

Nos lleva el ritmo tan intensamente

que por piernas abajo nos desalma.

Son de trompeta. Melodiosamente,

la carne se desvive en embeleso;

lo oscuro se hace luz; la arena, fuente. (157)

En las últimas cuatro estrofas, antes de terminar con una exclamación que define sinestésicamente al *fox-slow* como una "sonora llamarada", la voz poética ahonda en la dimensión sexual del jazz y de los insinuantes pasos de baile que lo acompañan, presentándolo como una música mucho más abiertamente sexual y humana que el vals o incluso que el tango, un ritmo lascivo que invita inequívocamente a la unión carnal de las parejas a través del baile. Todo ello, por supuesto, intensificado en estos versos finales por el uso constante de exclamaciones que inciden en ese abandono sexual:

¡Que el Olimpo sereno nos asista!

Tu desgarrada melodía es una

desnudez que no hay parra que la vista.

Por insinuarte con vaivén de cuna,

le devolviste al hombre la alegría

que tango y vals colgaron de la luna.

Llore la cuerda y el metal sonría.

¡En tus aguas espesas cómo nada

la carne de ella con el alma mía! (157-58)

Hasta ahora, los poetas que han teñido de jazz sus versos lo han utilizado como inspiración o lo han descrito de una manera general, incidiendo en su sonido, en el aspecto visual del baile o en lo que la escucha de esta música evoca poéticamente, pero lo han tratado, por así decirlo, de forma fundamentalmente anónima, sin precisar la identidad de ninguno de sus intérpretes ni interesarse por su nombre y su figura. El jazz es, hasta mediados de los años cuarenta en la literatura española, símbolo de modernidad, de subversión, de diversión nocturna, de urbanización y de muchas otras cosas, pero carece de nombres propios. Esto cambiará con la publicación de un breve poema del gerundense Salvador Espriu, escrito en catalán bajo el título de "Spiritual, amb la trompeta de Louis Armstrong" y recogido en su libro *Cementiri de Sinera* (1946), composición que quizá contenga la primera referencia a Satchmo en la literatura española (Guijarro 345). Espriu, cuya obra es extensa y de una impresionante variedad, es uno de los escritores de mayor relevancia en las letras catalanas, y teniendo en cuenta la intensidad que estaban adquiriendo las actividades en torno al jazz en Barcelona y en el resto de Cataluña a mediados de los años cuarenta, no resulta extraño que la primera mención a un *jazzman* específico emerja en un poema escrito en catalán por un autor nacido en Girona. Su título ya hace referencia al contenido religioso de los *spirituals* norteamericanos que va a canalizar en unos versos que reflexionan agriamente, pero de una manera marcadamente estoica también, sobre la situación actual de sufrimiento de la voz poética en los duros años de la posguerra:

No s'acaben amb mi la cadena i el temps.

Uns dits purs alçaran el benigne

silenci de Déu,

cada dia i per sempre, damunt el meu crit:

el silenci em dóna l'antic nom de fill. (160)

A todo esto se une una visión de un futuro más esperanzador, pero por el momento indeterminado, en cuya descripción Espriu desliza tropos comunes en las canciones religiosas afroamericanas, como la tierra de Egipto, el trigo o el nacimiento del río. Se trata de una visión con evidentes ecos bíblicos que inevitablemente acabará en la muerte, descrita aquí como una suerte de bien morir en el aspecto moral que suelen subrayar los espirituales:

> Ara els camps són erms,
>
> i anirem a la terra d'Egipte,
>
> on el blat ja creix.
>
> Tots els pous són secs,
>
> i anirem fins a l'aigua tan ampla,
>
> a calmar la set.
>
> A la naixença del riu,
>
> alt arquer solitari,
>
> des de l'origen de l'arbre i del riu,
>
> dispara'm sageta cap al ben morir. (160-61)

La trompeta del título adquiere también aquí un significado religioso, como instrumento anunciador de estos tiempos mejores que están por llegar en un futuro, y el poema, además, encierra un potente y descarnado comentario sobre el racismo y la segregación brutal a la que se ven sometidos los afroamericanos que interpretan estos *spirituals*, con quienes la voz poética se identifica por completo. Este apóstrofe a su propio pensamiento, situado más o menos en el centro del poema, crea un efecto emotivo si cabe más poderoso porque suena a la vez íntimo y admonitorio: "No t'ha de commoure, recte pensament, / que vegis més clares o fosques les pells. / I et diré que els negres són germans del blanc, / perquè, quan els pengis, sàpigues plorar" (160).

Si Espriu puede identificarse como el primer poeta que pone nombre propio al jazz que refleja en su obra poética, será realmente el primero de muchos otros autores posteriores que citarán a diversos músicos de jazz o los convertirán en protagonistas de sus composiciones. De hecho, en "Soneto-buey", que el palentino Gabino-Alejandro Carriedo escribió hacia 1948 pero que permanecería durante décadas inédito hasta su inclusión en el poemario *La piña sespera* (1980), se escuchan de nuevo la trompeta y la voz del propio Louis Armstrong. Escritor polifacético que a lo largo de su dilatada carrera se adheriría a todo tipo de corrientes a menudo vanguardistas como el postismo, el tremendismo, el constructivismo, el realismo mágico o la poesía social (Guijarro 340-41), Carriedo fundó en los años cincuenta la revista literaria

El pájaro de paja y permaneció siempre muy activo, aunque muchas de sus composiciones tardasen en salir a la luz. Su "Soneto-buey" utiliza la forma clásica del soneto de dos cuartetos y dos tercetos, pero ya desde el principio Carriedo infunde un tono vanguardista a sus endecasílabos mediante la introducción de la figura del buey al que alude el título, un animal que aquí simboliza la pulsión creadora del poeta y la necesidad vital de la creación artística que le ayuda a trascender el profundo dolor de la existencia en el contexto posbélico en el que se encuentra. En contraposición a la realidad circundante, el buey se describe en el primer cuarteto únicamente con atributos positivos y supone la única salvación que halla la voz poética: "Me hubiera muerto de dolor si no / hubiera visto un buey, si no me alzara / su noble vista un buey, su testa dura, / su testa corniforme, su fiel cara" (175). Ya se nota en estos versos un cierto ritmo cercano a lo sincopado, pero en el segundo cuarteto, esta figura del buey con el que dialoga el poeta se asocia bruscamente a la música, y en particular al jazz, a través de una mención a Louis Armstrong y al sonido de su trompeta y de su voz característica, que se percibe como un mugido o un ladrido. Estos versos, en los cuales se funden el elemento animal del buey y el artístico de la música de Satchmo, aluden inequívocamente al poder casi atávico del arte como medio de superación de esta agonía existencial por la que atraviesa la voz poética: "Si no me hablara un buey, si no tuviera / quien me mugiera: un buey, si no tocara / con su trompeta Armstrong, con su batuta / dulces gestos no hiciera o me ladrara" (175). Para Carriedo, pues, el jazz, la música y lo artístico suponen elementos imprescindibles para tratar de compatibilizarse con una realidad que le desagrada y para evitar, como menciona en hasta dos ocasiones en el poema, morirse de dolor o, como afirma en los dos últimos versos de la composición, convertirse él mismo "en buey o en laso / ser dulcifacilón si no me hartara" (175).

Unos años después, el barcelonés Josep Palau i Fabre, asiduo colaborador en la posguerra de revistas como *Ariel* o *Poesía* y autor de varios ensayos sobre Pablo Picasso, a quien conoció durante un extenso exilio en París entre 1945 y 1961, volvería sobre esta temática del papel que juega el arte—y, en especial, la música—en la relación que el individuo mantiene con el mundo en el que habita, pero se acerca a ello desde una óptica un tanto diferente. En un texto en catalán distinguido por una prosa poética de evidente contenido filosófico, titulado "La música de les esferes" y recogido en sus *Poemes de l'Alquimista* (1952), el poeta reflexiona sobre su búsqueda de lo Imposible, una obsesión existencial que lo lleva a dejar a un lado la memoria y a alejarse de la música, a escuchar únicamente rumores sin melodía: "Aquesta vida meva sense música! Només sorolls: el soroll del mar, el soroll del vent, el soroll de les temples, les petjades humanes … Sorolls, sorolls. Fujo la música com es fuig la facilitat. El que busco és al cantó oposat a la música. Àridas avingudes. Vise en el despoblat de la memòria" (169). Palau i Fabre evoca, así, una vida sin música, punteada sólo por tenues rumores naturales carentes de melodía que desembocan inevitablemente en el silencio, en la ausencia de sensaciones, en un silencio que describe como "mineral" y con varios sintagmas sinestésicos que remiten a la soledad y la desolación: "La música deixa el silenci gras, sec, untuós, engordit, deixondit, metal.lic, segons la seva qualitat. Silenci de jazz. Silenci d'ossos estellats" (169). No es casual esta descripción del silencio como un *silencio de jazz* si tenemos en cuenta la ingente cantidad de poemas ya comentados en los que el jazz emerge como sinónimo de ruido, estruendo y jolgorio. El clímax de esta composición en prosa poética de Palau i Fabre aparece en la última línea, en la que identifica el suicidio como "l'absència total de música" (169), intensificando esta sensación de desolación existencial y, de manera semejante a Carriedo, presentando la música como símbolo de vida mientras que la ausencia de música, ese *silencio de jazz*, se percibe como muerte.

El jazz se transparenta también en la obra de otro poeta barcelonés, Juan Eduardo Cirlot, colaborador de *Dau al set*, grupo artístico en parte responsable de la organización del Salón del Jazz en Barcelona en el que el propio poeta participaría activamente, haciendo gala de una formación musical notable que a menudo se observa en sus textos. Precisamente en la revista *Dau al set* en 1953 apareció su poema "Jazz Lilith", de evidente tono vanguardista, en el que Cirlot ensaya un ritmo repetitivo a través de continuas anáforas que prácticamente remiten a improvisaciones jazzísticas de un "músico extraviado" sobre un tema principal que aúna la música, la observación del mundo exterior a través de esa música y un creciente deseo sexual:

Con mis ojos escucho los acordes,

los desgarrados sones de la tarde,

los sones del amor y del sollozo,

los muslos que se acercan por el cielo.

Con mis ojos escucho tantas selvas,

tantas selvas de furia y de carbunclos.

Con mis ojos de piano, con mis ojos

de hoguera abandonada en el desierto.

Los acordes se rompen con el canto,

los acordes se quiebran en los árboles,

los muslos se me acercan por el cielo,

los muslos de magnolia y de ceniza.

Con mis ojos escucho los dos muslos,

con mis ojos de menta y de asesino,

con mis ojos de músico extraviado. (165-66)

La atenta escucha de composiciones jazzísticas y la reflexión sobre aquello que le sugieren es también lo que articula "Se parecen", un poema más breve y algo anterior que se recoge en su libro *Diariamente* (1949). Aquí, la voz poética que escucha piezas de jazz reconoce "algo denso / en su misión obscura, no sinfónica" (165), y en la segunda estrofa, a través del símil, trata de explicar en imágenes lo que el sonido del jazz suscita en su mente al escucharlo. Volvemos, así, al tropo ya comentado en Carriedo de la música como una suerte de bálsamo ante la desolación existencial que la vida causa al poeta. Más que ante una definición de lo que el jazz es, por supuesto, nos encontramos con una recepción emocional de esta música, con unas pinceladas sobre lo que el jazz le evoca desde un punto de vista psicológico y personal:

Esas músicas breves se parecen

a las apariencias desoladas,

a los existenciales gozos muertos

cuyo ademán de súplica concita

tantas caricias. (165)

Si en composiciones precedentes se representa el jazz mediante la figura de Louis Armstrong, el gerundense Rafael Santos Torroella rinde homenaje a un pianista neo-yorkino que había actuado en Barcelona a principios de los años cincuenta en "A Willie *the Lion* Smith, pianista negro", un poema incluido en su colección *Sombra infiel* (1952). Además de poeta, Santos Torroella fue un reconocido crítico de arte que firmó textos que son ya de referencia sobre la obra de Salvador Dalí y al que le preocupaba acercar posiciones entre la poesía catalana y la del resto de España, para lo cual entre 1952 y 1954 promovió una serie de congresos poéticos (Guijarro 369). Su tributo al *león* Smith viene precedido por una cita de un verso de Langston Hughes que demuestra que el poeta catalán estaba al tanto de lo escrito por uno de los estandartes de la Harlem Renaissance norteamericana. Dicho verso, "My soul has grown deep like the rivers" ("Mi alma se ha vuelto profunda como los ríos"), es el que cierra el celebrado poema de Hughes "The Negro Speaks of Rivers", recogido en su poemario *The Weary Blues* (1926) y dedicado al también literato y activista W.E.B. DuBois. La cita recuerda a alguno de los poemas de Lorca en *Poeta en Nueva York*, y el tropo del río que introduce Hughes lo utilizará también Santos Torroella en su composición, que es un extenso apóstrofe al pianista nacido en la pequeña localidad de Goshen, en el estado de Nueva York. Como músico negro, Willie "The Lion" Smith representa en el poema toda una tradición musical, la del *blues*, relacionada íntimamente con el ancestral sufrimiento al que se han visto sometidos a lo largo de la historia los afroamericanos. Teniendo en cuenta el mote artístico del pianista, "El León", no sorprende la mención en la primera estrofa a la selva, lugar casi mítico en el que el poeta sitúa el origen remoto del jazz, y el río aparece también como símbolo de la vida y de la tradición del *blues* que impregna el arte de Smith:

> Hay un río de noches en tus manos,
>
> nostálgicas de selvas a la luna,
>
> y un combate de tigres y palomas
>
> por tu risa más ancha y más nocturna.
>
> ¡Tu risa donde encuentra el camarero
>
> esa hormiga que arrastra su ternura!
>
> ¡Tu risa donde asoma el lavaplatos
>
> sus olvidadas soledades juntas!
>
> Tú, negro vegetal, Willie en las hojas
>
> de alguna primavera menos turbia,
>
> vienes negro del *blues*, negro túnel
>
> del negro ennegrecido en más negrura. (163)

La risa del pianista es una forma de supervivencia, pero en ella se adivinan la opresión y la violencia ejercidas contra toda una raza, de la misma manera que el color negro de su piel es inseparable del sufrimiento del que emana su música. El *blues* y el jazz del *león* Smith son expresión de este dolor, sí, pero en las tres últimas estrofas se revelan también como vehículo para modificar el futuro, como la fuerza incontenible que encierra toda una tradición y que le permitirá al músico no sólo sobrevivir y salir adelante sino—¿quién sabe?—incluso acceder a una existencia más digna y de mayor humanidad:

> Mas se han de hundir raíces y pianos
>
> cuando tu nueva voz esté en su muda,
>
> y se pondrá de pie, naciendo tallos
>
> donde el viento y la noche se bifurcan.
>
> Entonces, como el tronco bajo el hacha,
>
> se mostrará tu vena más segura;
>
> será tu corazón un lento río
>
> sonoro entre los juncos y la espuma.
>
> Entonces, Willie, el *blues* en la arena
>
> dejará el oleaje que lo inunda,
>
> y tú te arrancarás tus alaridos
>
> arrancando tus ramas una a una. (163-64)

Si bien Santos Torroella sin duda lo ignoraba, sus versos compuestos a principios de los años cincuenta, se invisten retrospectivamente de unas cualidades casi visionarias, pues con la llegada del *post-bop* y del *free jazz* en la década siguiente, una importante parte del jazz adquiriría una dimensión fuertemente política en el marco de la lucha en pro de los derechos civiles en los Estados Unidos.

Pero por el momento nos encontramos en una España franquista de posguerra en la cual el jazz comenzaba a resurgir, pero estaba, como en otras latitudes, determinado por el profundo cambio de paradigma que la irrupción del *bebop* había ocasionado. En este sentido, conviene tener muy en cuenta la evaluación del estado del medio jazzístico español a finales de los cincuenta, cuando se cumplían dos décadas desde la instauración del régimen dictatorial, que realiza José María García Martínez: "El *bebop* generó un cisma entre los aficionados, al tiempo que circunscribió la ejecución del jazz a los 'santuarios' de culto reservado, los *clubs*. El jazz perdió su inocencia, dejó de ser bailable para convertirse en privilegio de unos pocos espíritus cultivados, sintaxis abstracta y escasamente atractiva para el oído no educado, carne de club, de *jam-session*, objeto de iniciativas puntuales" (175). Desde una perspectiva poética, como hemos podido comprobar, en los veinte años que siguen al desenlace de la Guerra Civil, los silencios son más comunes que las voces en lo referente a la poesía que en España se dedica al jazz. Pero también es evidente que se aprecia un cambio importante en los escasos poetas que lo acogen en sus versos: sus composiciones denotan una revalorización paulatina del jazz como música que empieza a desligarse del baile y de la diversión nocturna y revelan un mayor conocimiento de sus estructuras musicales, de sus orígenes y de sus intérpretes, algo en gran parte debido a la proliferación de actividades y de conciertos especialmente en el medio barcelonés. En algunos de estos poemas de posguerra, el jazz adquiere un nombre propio y comienza a erigirse en vehículo para la expresión y la exploración de temáticas más profundas. Así, puede decirse que los largos años de la posguerra suponen para la poesía jazzística española una lenta pero significativa revitalización que va prefigurando la verdadera explosión que esta música experimentará en los textos poéticos concebidos a partir de los años sesenta.

Capítulo IV
Una explosión de versos teñidos de jazz: Los años sesenta y setenta

A finales de 1964, el semanario *Destino* recogía las siguientes palabras de Tete Montoliu, una de las figuras más representativas y de mayor relevancia de la historia del jazz español, en las que el pianista catalán teorizaba sobre la relación entre España y la música de jazz: "Estoy convencido de que el carácter español está muy dotado para la práctica del jazz. Nuestro sentido musical innato es muy útil, y no digamos la legendaria predisposición a improvisar. Conozco a muchos muchachos capacitados que si decidiesen vivir el jazz, improvisando temas con algo de sí mismos, conseguirían resultados sorprendentes" (Pujol Baulenas 501-2). Aunque Montoliu no entra en demasiada profundidad a valorar las razones que justifican sus ideas, sus palabras transparentan algo que es innegable en la España de los años sesenta: el interés por el jazz, por mucho que se viese reducido a los clubes y a espacios especializados, se intensifica en esta época, en la cual comienza a establecerse una escena jazzística autóctona formada por músicos que, como el propio Montoliu, empiezan a desarrollar un discurso musical más que interesante que parte de los modelos estadounidenses pero en ocasiones trata de ir más allá o al menos de seguir caminos ligeramente divergentes. Asimismo, se desarrolla ya plenamente una crítica específicamente centrada en el jazz, promovida por críticos de la importancia de Alfredo Papo, Antoni Vergara, Joan Giner, José Luis Rubio, Julio Coll, Ebbe Traberg o Miguel Sáenz, que seguirá en la mayor parte de los casos el modelo un tanto elitista y casi cartesiano, de lenguaje a menudo innecesariamente ofuscado, que exhibía la crítica de jazz en Francia y que deparará el enfrentamiento entre los críticos más tradicionalistas y los más cercanos al jazz moderno ya mencionado al final del capítulo anterior. Este claro acercamiento de la inmensa mayoría de los críticos de jazz españoles en los sesenta a los modelos franceses sin duda puede explicarse, en gran parte, por cercanía geográfica y por afinidades culturales, pero quizá también—como en más de una ocasión me ha comentado la crítica musical Patricia Godes—porque muchos de ellos no dominaban el inglés y, por tanto, no tenían un acceso tan fácil a los textos anglosajones. Nacen, por entonces, revistas especializadas como *Aria jazz* o *Swing*, de enorme importancia para la difusión de las diversas ideas que se generan en torno al jazz pero no siempre de larga vida editorial. La potencia que en estos años va adquiriendo la crítica jazzística en España se observa también en la aparición de libros de ensayo sobre el jazz escritos originalmente en español, algunos de tenor más académico que otros y con títulos como *Variaciones sobre jazz* (1971), de Julio Coll, o *Jazz de hoy, de ahora* (1971), de Miguel Sáenz. En este último, Sáenz trata de ofrecer una radiografía del estado del jazz contemporáneo a principios de la década de los setenta, al tiempo que pone de manifiesto la dificultad de escribir acerca del jazz en una coyuntura histórica en la que las visiones sobre esta música se encontraban tan polarizadas: "No es fácil escribir de *jazz*. Por lo menos, no es fácil hacerlo fuera de las páginas de una revista especializada. Y la dificultad no estriba tanto en la materia en sí—por subjetiva y resbaladiza que sea—, sino en la ausencia de un tipo de lector definido" (9).

De la misma manera que, según Sáenz, no existía un lector definido para su interesante y pionero ensayo, no existía tampoco un oyente definido para el jazz, ya que los intereses de los aficionados estaban profundamente determinados por la oferta musical disponible en una época en la que, tras la irrupción del rock'n'roll a mediados y finales de los años cincuenta, el jazz rápidamente fue perdiendo el protagonismo que había tenido en las décadas precedentes, tanto en Estados Unidos como en el resto del mundo. Lo explica de forma elocuente José María García Martínez: "En los sesenta el jazz, llegado a su madurez expresiva, tomó conciencia de sus dimensiones reales. Aficionados y profesionales, músicos y oyentes, se constituyeron en compacta minoría, formaron una cofradía, en frase que se hizo célebre del crítico Paco Montes. Pocos, pero correosos" (177). Eso sí, en la España post-Plan Marshall de las bases militares estadounidenses y de un cierto aunque insuficiente aperturismo por parte del régimen franquista, el jazz va ganando cada vez mayor acceso a los medios y sorteando como puede una censura ligeramente menos férrea. La radio continuó siendo vehículo transmisor de esta música a todos los rincones de la geografía española a través de multitud de programas especializados entre los que destacó poderosamente *Jazz porque sí*, dirigido y presentado por Juan Claudio Cifuentes, "Cifu", uno de los más incansables e influyentes difusores del jazz a través de las ondas hertzianas primero y de la televisión, después. Porque el jazz llegó también a las pantallas de la por entonces todavía joven Televisión Española de la mano de programas como *Discorama* o *Jazz vivo*, cuyas vidas en la parrilla fueron, por desgracia, bastante breves. El primero de ellos, dirigido por Pepe Palau, recibió agrias críticas por ofrecer un elenco de artistas en el que no siempre figuraba únicamente el jazz, pero Palau, como afirma Pujol Baulenas, "pese a las críticas iniciales, consiguió con su esfuerzo y entusiasmo que, poco a poco, los aficionados al jazz de toda España se dieran cita todos los domingos frente al televisor" (456). El segundo llegó a emitir grabaciones de conciertos realizados en los festivales de jazz de Barcelona o San Sebastián que, lamentablemente, no se conservan en los archivos del Ente, por lo que parece, debido a que se decidió utilizar las cintas "para sobreimpresionar partidos de fútbol" (García Martínez 181). A pesar de esta pequeña tragedia que denota el poco interés que muchos responsables de Televisión Española por entonces demostraban por la música popular en general, resulta notable el número de músicos de jazz que se asomaron a las pantallas de un creciente número de televidentes en los años sesenta y setenta, y uno de los primeros, ya en 1960, fue Quincy Jones, que no sólo actuó en televisión con su orquesta durante esa temprana visita a España, sino que también ofrecería dos conciertos de enorme éxito en el Windsor Palace barcelonés de la mano del locutor Joaquín Soler Serrano (Pujol Baulenas 377).

Como ya se ha mencionado, los clubes se convirtieron en esta época en los espacios principales a los que los aficionados podían acudir para escuchar jazz en directo de manera más o menos regular, y aunque se abrirían en diversas ciudades españolas, los de mayor importancia eran los que se encontraban en Madrid, como el Whisky Jazz, o en Barcelona, como el Jack's, el Tobogán y, sobre todo el Jamboree, local que adquiriría un estatus prácticamente legendario, con una mística propia debido al ingente número de primeras figuras de esta música que desfilaron por su escenario y que aparecería citado y descrito en más de un poema jazzístico, como posteriormente veremos. En el Jamboree recalaron *jazzmen* de la categoría de los saxofonistas Lucky Thompson, Ornette Coleman y Dexter Gordon, o de los trompetistas Chet Baker y Art Farmer, por citar solamente algunos ejemplos de una extensa lista, y la existencia de clubes como este animaría a músicos estadounidenses como el organista Lou Bennett o los saxofonistas Pony Poindexter y Booker Ervin a establecerse temporalmente en España, donde actuarían de manera regular e incluso grabarían algún que otro disco. Como consecuencia de toda esta actividad, en los años sesenta y setenta se va consolidando una verdadera escena jazzística española, dentro de la cual no sólo destaca Tete Montoliu, sino también otros instrumentistas locales como los guitarristas Manolo Bolao y Max Sunyer, los saxofonistas Vlady Bas y Pedro Iturralde o el batería alemán Peer Wyboris, entre muchos otros que hicieron del jazz casi una forma de vida y de los clubes su hábitat natural.

Como es de esperar, algunos críticos de jazz tenían sus dificultades para asimilar un contexto musical en el que triunfaban el pop y el rock y en el que los jóvenes se lanzaban con avidez—los que podían permitírselo, claro está—sobre los discos de los Beatles, los Rolling Stones, los Brincos o los Bravos sin preocuparse demasiado por las grabaciones de Montoliu o de Don Byas. La siguiente nota sin firma de la revista *Aria Jazz*, que data de 1964, deja clara la línea editorial de este medio en lo referente a los ritmos de moda, así como la actitud de rechazo de algunos críticos de jazz en relación al rock y al *beat* inglés que en aquellos momentos triunfaban en todo el mundo:

Desearíamos que todos los responsables de los medios de divulgación supieran al menos una cosa: EL JAZZ NADA TIENE QUE VER CON LOS MELENUDOS Y MILLONARIOS 'BEATLES'. Como aficionados al jazz nos indigna que este arte sea confundido con esa música (no sé ni cómo le damos ese nombre) que para interpretarla hay que llevar melenas y desarticularse al mismo tiempo. Nos apena y nos indigna que los medios informativos divulguen y fomenten este fenómeno que sólo refleja una terrible decadencia. ¿Qué ideal, qué moral puede tener ese joven cuyo héroe, al cual imita, es uno de esos desarticulados melenudos? (García Martínez 191)

En estas palabras resuenan con evidente claridad ecos de las duras críticas dirigidas al jazz en los años de la posguerra ya comentadas en capítulos anteriores y que ahora resurgen, levemente transformadas, para denigrar a esos cuatro "melenudos" de Liverpool y quienes los siguen. Señal de que todo se repite y de que nada nuevo hay bajo el sol. Pero en este contexto en algunos sentidos desfavorable, el jazz logró sobrevivir y mantener su presencia de formas que parecen a veces sorprendentes. Puede resultar anecdótico que en 1966 el popular cantante Raphael tuviese un sonoro éxito con "La canción del trabajo", versión hispana de la "Work Song" que el trompetista de jazz Nat Adderley había compuesto y grabado seis años antes, pues el contenido jazzístico de la interpretación del vocalista de Linares es nulo. Pero mucho más significativo es el disco *Lone Star en jazz*, que el excelente grupo catalán de rock y pop Lone Star publicaría en 1968, con interesantes versiones de clásicos como "Misty" o "Love Is Just Around the Corner". O la huella que el jazz dejó en algunas de las composiciones de bandas pop más experimentales y progresivas como los Módulos o de artistas con alma de jazz que abrazaron en ciertos contextos el pop por sus posibilidades comerciales, como es el caso de Pedro Ruy Blas. O incluso los álbumes que cantantes no siempre relacionadas con el jazz como Núria Feliu o Elia Fleta registraron en compañía de *jazzmen* como Lou Bennett, el propio Montoliu o un grupo conocido como el Jazztet de Madrid en el que brillaban algunos de los mejores músicos españoles del momento. Además, como ha demostrado ampliamente Pujol Baulenas (493-97), desde sus inicios existió una estrecha relación entre el jazz y el movimiento musical y cultural conocido como la *nova cançó* catalana, algunos de cuyos referentes, como Pi de la Serra, le reservaron espacio en los surcos de sus discos. También el jazz, ligado desde un principio al cine de Hollywood y en especial al llamado cine negro, comenzó a hacerse un hueco en producciones españolas, generalmente de bajo coste y hoy un tanto olvidadas, y deslizándose en las bandas sonoras de títulos de temática criminal como *Un vaso de whisky* (Julio Coll, 1958), *A sangre fría* (Juan Bosch, 1959), *Altas variedades* (Francisco Rovira Beleta, 1960), *091 Policía al habla* (José María Forqué, 1960) o *No dispares contra mí* (José María Nunes, 1961), entre otras películas destacables (Pujol Baulenas 407-410).

A todo este florecimiento del jazz en unos tiempos no siempre propicios para ello contribuyeron, además de los clubes ya citados, los múltiples conciertos de jazz que promovieron, especialmente en Barcelona, entusiastas como Albert Mallofré o Jordi Suñol, muchas veces con la participación de un Hot Club de Barcelona en plena ebullición de actividades. A las actuaciones de músicos tan reconocidos como el trompetista Buck Clayton o el Modern Jazz Quartet junto con el guitarrista brasileño Laurindo Almeida hay que añadir conciertos que iban más allá del jazz para acoger a nombres relevantes del *blues* o el *gospel* como John Lee Hooker, Roosevelt Sykes, T-Bone Walker o Sister Rosetta Tharpe. Sin olvidar, por supuesto, la importantísima visita a la Ciudad Condal, en 1966, de la orquesta de Duke Ellington con Ella Fitzgerald como vocalista, seguida de la no menos notable llegada de la orquesta de Woody Herman unas semanas después. Juan Roselló, director del Jamboree y principal impulsor de la presentación de Ella y Duke en el Palau de la Música, no dudó en describir dicho evento como "el mejor concierto de música de jazz que nunca se haya celebrado en nuestra ciudad" (Pujol Baulenas 498). Y no era para menos, como puede observarse en una fotografía que recoge Pujol Baulenas en su libro, en la que se ve a Ellington y a Fitzgerald, tan sonrientes como probablemente sorprendidos por el cálido recibimiento de un nada despreciable número de aficionados que se dieron cita en el aeropuerto para la ocasión.

Toda esta actividad concertística allanó el terreno para la organización de los primeros festivales de jazz, eventos que se convertirían en citas ineludibles para los aficionados a esta música en lugares como Barcelona o San Sebastián y que, como es el caso del donostiarra, han resultado ser longevos y se han mantenido vivos y con notable éxito y un creciente prestigio hasta la actualidad. No hay que olvidar que, como ya hemos visto en páginas precedentes, la relación de San Sebastián con el jazz se remonta a los primeros años de la entrada de este estilo en España, por lo que no parece extraño que precisamente allí naciese en 1966 un festival que atrajo a todo tipo de músicos, y no solamente de jazz. Lo mismo podría decirse del de Barcelona, en cuya primera edición, también en 1966, se presentaron nada menos que Dave Brubeck, Max Roach, Sonny Rollins, Bud Freeman, Stan Getz y Astrud Gilberto, entre otros nombres ilustres. Estos festivales solían acoger a estrellas foráneas junto a un elenco de músicos españoles y, año tras año, fueron congregando a un público cada vez más numeroso, lo cual provocó que los carteles fuesen evolucionando y otorgando cierto protagonismo a otros estilos musicales más o menos emparentados con el jazz. En palabras un tanto exageradas de García Martínez, "a medida que crecía la asistencia de público, el *Donostiako Jazzaldia* fue ganando en prestigio lo que perdía en ese carácter tan peculiar que definió sus primeras ediciones, convirtiéndose en última instancia en una especie de versión hispánica en jazz de los festivales de *rock y amor* tipo Woodstock. Consecuentemente, los profesionales fueron cobrando mayor protagonismo" (206-207). Estas iniciativas que se sucedieron principalmente en Cataluña y el País Vasco, y en menor medida en Madrid, encontrarían eco, aunque en general de forma bastante tímida, en otras geografías, como por ejemplo Marbella, Granada, Valladolid, Santander,

Terrassa, Valencia o Zaragoza, coincidiendo todo ello con un ligero descenso en el celo de los censores en estos años del tardofranquismo.

Pero si los años sesenta, como algunos críticos han señalado, "han pasado a la posteridad como una *edad de oro* del jazz" (García Martínez 210) en España que, además, se refleja en la poesía escrita en estos momentos, no deja de haber puntos más oscuros y obstáculos importantes que fue necesario superar. Con el cambio de década, tanto el Jamboree barcelonés como el Whisky Jazz madrileño cerrarían sus puertas, dejando al jazz sin ese espacio natural de desarrollo que era el club, a los músicos con todavía mayores problemas para ganarse la vida con su arte, y a los aficionados sin un lugar en el que disfrutar en vivo de la música de forma regular. Los recuerdos del batería alemán Peer Wyboris dejan claro que la vida del *jazzman* en los clubes era mucho más dura y menos glamurosa de lo que podría pensarse, y no duda en describir esos años como "una época muy penosa, no salía de los clubs, fueros diez años durísimos. Vivía prácticamente en ellos. Venían muchos solistas, lo que te obligaba a estar constantemente ensayando durante el día, y a tocar por la noche. Poco a poco se fue degenerando la situación. Nos pagaban lo justo para vivir" (García Martínez 212). Pese a estas dificultades que subraya Wyboris, es evidente que el trabajo en los clubes, si bien decididamente precario, era algo que ofrecía a los músicos la posibilidad de vivir del jazz, y el cierre de estos dos santuarios jazzísticos a finales de los sesenta y principios de los setenta abocó a un buen número de músicos a la inactividad musical y a la búsqueda de otros tipos de empleo. García Martínez resume la situación que se vivía en los primeros setenta de manera sumaria y a todas luces acertada: "Los cierres de Jamboree y Whisky Jazz constituyeron un jarro de agua fría para aficionados y músicos. Los primeros se dispersaron. Los segundos relegaron el jazz de sus quehaceres cotidianos, muchos definitivamente. Otros le otorgaron el poco digno papel de 'amante' ocasional" (213).

Por supuesto, otros clubes surgirían, sobre todo en Barcelona, a lo largo de las décadas subsiguientes, a menudo de manera errática y poco longeva o escasamente estructurada, pero por fortuna, el terreno que el jazz perdió en los clubes lo fue ganando en el medio universitario. A partir de los años setenta, y mayormente en Barcelona y en Madrid, la universidad comenzó a abrir sus puertas al jazz, primero como espacio para la organización de conciertos y posteriormente incluso como un lugar destinado a la docencia y al estudio de esta música. En este sentido, entre las iniciativas más destacadas se encuentra la del colegio mayor San Juan Evangelista, que prosigue lo que ya desde los primeros años sesenta se estaba convirtiendo en práctica más o menos habitual en algunos colegios mayores madrileños: la presentación en sus auditorios de conciertos de músicos de jazz generalmente relacionados con el Whisky Jazz, como Pedro Iturralde o Tete Montoliu, entre otros. Esto tuvo también su reflejo en colegios mayores de otras ciudades españolas como Sevilla, pero a partir de la década de los setenta, el San Juan Evangelista recoge el testigo del desaparecido

Whisky Jazz e intensifica la regularidad de los eventos jazzísticos. Alejandro Reyes, uno de los más fervientes impulsores de estos conciertos, rememora así sus orígenes, que pasan necesariamente por la música clásica, que se aceptaba con mayor facilidad por considerarse más respetable:

En los años sesenta el director que había entonces proyectó un auditorio para hacer teatro al estilo de los corrales de comedias, para que el público pudiera estar entre los artistas. Por allí pasó lo mejor del teatro independiente de España. En esa época el problema era la censura. Teníamos que enviar las letras de las canciones, al rector, a la policía y otro al Ministerio de Información y Turismo. El rector no solía poner pegas. Luego se empezó a hacer algo de música y en el setenta, empezamos con la música clásica y posteriormente ya fuimos derivando al jazz. (Pastor 129)

Nos hallamos en una época en la que algunos sectores percibían el jazz como una música con un cierto contenido ideológico opuesto al régimen franquista. Más allá de esto, el propio Reyes también recuerda que estos conciertos, a veces presentados por el reputado locutor radiofónico Juan Claudio Cifuentes, empezaron programando a músicos locales, pero en poco tiempo llegarían a atraer a *jazzmen* de renombre internacional, como Dizzy Gillespie, Dexter Gordon o Archie Shepp:

Al principio en el San Juan programábamos a los músicos que solían tocar en el Whisky Jazz, Vlady Bas, Tete, Pedro Iturralde, y todos eran amigos suyos [de Cifuentes], y empezó a frecuentar el San Juan por eso. Eran los que llenaban el auditorio, había colas, porque el jazz tenía un halo de música contestataria. Tete decía que el sitio donde más le gustaba tocar en Madrid era allí, primero porque era el primero que le había llamado, aparte de los Bourbon, y segundo porque era un colegio progresista que encajaba en sus ideas. Además los dos éramos del Barça. A Tete lo traíamos con Eric Peter y con Peer Wyboris. (Pastor 129)

En estos recintos universitarios se celebraban, asimismo, conferencias sobre jazz, prefigurando ya el espacio docente y académico que posteriormente conquistaría esta música en diversos campus universitarios españoles. Como subraya el crítico José Manuel Gómez, a modo de resumen de la realidad jazzística que se vivía en España durante los años sesenta y setenta, "el nuevo jazz se gestó en un doble frente: los clubs, santuarios mugrientos y benditos donde lo mismo nos aguardaba un holandés greñudo librando su batalla particular con el 'free-jazz', que una lección fulgurante de Johnny Griffin o el penúltimo testimonio de la grandeza de Ben Webster; y, antes que eso, la Universidad" (García Martínez 217). Por lo demás, algo semejante ya lo pronosticaba el también crítico Miguel Sáenz en 1971, en su ya mencionado estudio *Jazz de hoy, de ahora*, en el que, aunque reconocía que era aún un poco pronto para realizar predicciones definitivas, señalaba una suerte de escisión que, a su juicio, se estaba gestando globalmente en el jazz a inicios de la década de los setenta, con la aparición de dos corrientes opuestas y claramente definidas: "una, popular, que quizá acabe confundiéndose con el rock y dándole cartas de nobleza y riqueza rítmica y armónica (su público serán los jóvenes y su escenario los festivales y las discotecas), y otra, minoritaria, que se unirá a la música 'seria'. alejándose del hombre de la calle (su público serán los intelectuales y su hábitat las salas de concierto y las universidades)" (27-28). Esta visión que propugna Sáenz del estado de la cuestión en esos momentos resulta, sin duda, sumamente perceptiva, como se demostraría en las décadas posteriores, en especial si tenemos en cuenta el estatus marcadamente académico que paulatinamente iría adquiriendo el jazz a escala global. Pero, como observaremos a continuación, en el ámbito literario, y en especial en la poesía, toda esta actividad musical en torno al jazz que se vivía en España en los años sesenta y setenta se tradujo en una verdadera explosión de composiciones poéticas claramente inspiradas por el jazz o que, cuando menos, lo celebraban o lo acogían desde diversas perspectivas en sus versos.

Eso sí, no todos los acercamientos al jazz en estos años son unívocamente positivos. Por ejemplo, el bilbaíno Blas de Otero, uno de los referentes de la poesía social española, se muestra muy crítico con esta música al inscribirla en el contexto de la expansión imperialista estadounidense que se traduce también en una expansión cultural. Su composición "No le valdrán", escrita en la década de los sesenta pero publicada póstumamente, supone una "lectura sociopolítica del jazz" (Guijarro 363) en la forma de un soneto de contenido abiertamente político, en el que la música—el jazz y los *spirituals*—se presenta como uno de los elementos propios de unos Estados Unidos señalados por la voz poética por sus prácticas imperialistas. Se trata de una "América, histérica imperando / en lo oriental y en lo occidental", pero que se enfrenta también a problemas internos, como por ejemplo, esa "pantera negra zarpeando", que es una alusión a los movimientos en pro de los derechos civiles que en los años sesenta surgieron con fuerza en los Estados Unidos. En los dos últimos tercetos, la voz poética presenta el avance imperialista estadounidense en contraposición con quienes se oponen a dicho avance, como es el caso de los tupamaros, los brasileños, los venezolanos o los vietnamitas, y pronostica una eventual derrota norteamericana a pesar de su colonización cultural y su poderío militar: "Supongamos que el mundo es un coloso / con pies de barro y balas en la mano. / No le valdrán. Un vendaval se agita" (168).

Por supuesto, la visión de Blas de Otero no es la paradigmática, pues lo más habitual en esta época es encontrarnos con poemas que celebren el jazz y en los que este estilo musical sirva como inspiración para expresar todo tipo de ideas y para evocar ciertos momentos o lugares. Tal es el caso del barcelonés Joaquín Marco, profesor universitario a quien, entre otras actividades relevantes, se debe la fundación de la colección de poesía Ocnos y cuya obra suele clasificarse en ese grupo de poetas que sirven de puente entre los años cincuenta y los posteriores *novísimos*. "Cava de jazz", incluido en la colección *Abrir una ventana a veces no es sencillo* (1965), es un poema que rememora retrospectivamente y con nostalgia una relación amorosa fallida en el marco de esa cava de jazz a la que hace alusión el título y que bien podría ser el famoso club Jamboree de Barcelona, que es precisamente la ciudad natal del poeta. Los primeros versos nos introducen en esa cava de jazz, en el típico contexto nocturno generalmente asociado con estos lugares:

> Como en aquella noche en que estuvimos juntos
>
> escuchando el lamento de una orquesta de jazz
>
> en una cava oscura, estrecha, deprimente
>
> con yanquis en la barra y niñas de papá.
>
> Alguien jugaba a los besos
>
> y el del piano, nervioso, disimulaba sus gestos. (205)

Pronto descubriremos que los términos negativos en que se construye esta descripción tienen mucho que ver con el recuerdo que la cava de jazz evoca para la voz poética, pues allí tuvo lugar "el final de esta farra que nació entre tú y yo" (205), y que es causa de sufrimiento para el poeta pero no para la persona que es objeto tanto de su deseo como de estos recuerdos dolorosos. En los últimos versos del poema se entremezclan tanto el deseo sexual insatisfecho como una sensación de encontrarse fuera de lugar en el interior de este club de jazz en el que se consumó la ruptura amorosa:

> Si acaricié tus senos con signos de impaciencia,
>
> tus muslos se me hicieron imposibles.
>
> Beber resulta caro en sitios como ese.
>
> Ni tan sólo ese rasgo me pude permitir.
>
> Hablamos de política, de amigos y de historia.
>
> Decadentes, cansados nos fuimos a dormir. (205)

La voz poética constata, así, la imposibilidad de regresar a un pasado que, una vez perdido, ya no puede recuperarse ni a través de la memoria, y en una especie de inversión del tópico clásico del *carpe diem*, expresa dolorido la dificultad que entraña llevar este ideal literario a la práctica:

> Tal vez no se repita—las cosas que nos pasan,
>
> no vuelven nunca más—y hay que coger al vuelo
>
> las rosas de la vida, pero, creedme,
>
> que resulta difícil en la cava de jazz. (206)

También en el interior de un club de jazz se localiza el poema "Solo de trompeta", del valenciano Francisco Brines, un poeta cuya obra "tiende a lo meditativo y elegíaco" (Guijarro 338) y que le ha valido innumerables galardones. Lo meditativo y lo elegíaco son precisamente características principales de esta composición de tono especialmente melancólico recogida en su poemario *Palabras a la oscuridad* (1966), que nos introduce en un contexto nocturno marcado por el alcohol y la oscuridad en que súbitamente se alza el sonido potente de una trompeta que sorprende a esta audiencia noctívaga:

Cuando ya las miradas de todos se conocían vagamente,

a través de las pupilas nubladas por el alcohol,

de aquella música confusa, de la penumbra de aquel humo, del caos

vino un silencio imperceptible,

y una trompeta sola, de fuego, nos quemaba la vida. (199)

La voz poética entonces se centra en la recepción de esta música inusitada por parte de un público que debe acercarse a ella de una manera activa. Así, el sonido de esta trompeta provoca que los oyentes salgan de su letargo e interpreten el significado de lo que escuchan, como si esos sonidos saliesen del instrumento "para que cada uno de nosotros / los hiciese movibles, los llenase de espíritu" (199). El poeta realiza aquí una reflexión sobre los diversos efectos que la música puede operar sobre quienes la escuchan dependiendo de la situación personal o emocional o incluso de la edad de cada oyente:

Por cada uno de los hombres

la música cantaba diferente: con alegría estéril

en la mujer que me miraba, con cansada tristeza

en unos yertos labios, y en el muchacho solitario

con profunda nostalgia de vejez;

la música cantaba diferente, sin que nadie supiera

cómo sonaba junta, con qué intenso dolor. (199)

En las dos últimas estrofas, la voz poética ahonda en la dimensión performativa de la música, presentada como una suerte de bálsamo que, aunque ayuda a calmar el dolor o a olvidar la soledad que siente el individuo, únicamente surte efecto de manera temporal. Se establece, así, una oposición entre el engaño y la falsa pureza que nos proporciona el arte y la verdad del ser humano, es decir, la realidad devastadora con la que siempre se choca una vez concluida la experiencia artística. Esta realidad, esta verdad, según la voz poética, "es humilde y sencilla", mientras que la soledad, "al compartirla con otras soledades, / hace más viva la impotencia" (199). Lo sensible no es suficiente para hacer frente a una realidad cuya materialidad y cuya violencia siempre terminan por imponerse:

91

> y cuando la trompeta, desmayada, se extingue en el silencio,
>
> sólo quedan visibles, descubiertos al fin, los más ocultos,
>
> los más tenaces vicios:
>
> se reconocen las miradas, y puede haber piedad,
>
> y hasta sentir alguno un tibio amor. (200)

Los tres últimos versos funcionan como una coda final que dramatiza, una vez más a través de la trompeta, esta oposición entre la falsa virtud del arte y la dura realidad que la música sólo puede esconder o paliar temporalmente, hasta que se extingue y de nuevo se impone el silencio. "la trompeta de fuego, / muda sobre una mesa, la vemos amarilla, / y está vieja y rayada" (200), reflejando así el estado emocional de los individuos que han asistido a este solo de trompeta que contienen los versos del poema.

También en el sonido de una trompeta se detiene el ovetense Ángel González, personalizado en este caso en dicho instrumento tocado por el gran trompetista Louis Armstrong. En su poema "La trompeta (Louis Armstrong)", incluido en *Tratado de urbanismo* (1967), una de sus obras más célebres, las dos primeras estrofas se articulan como dos exclamaciones en las que el sonido de la trompeta de Satchmo adquiere un carácter decididamente universal y su música se describe, de una manera que recuerda a muchos de los textos vanguardistas ya comentados en páginas precedentes, en términos meteorológicos, en este caso referidos a diferentes tipos de viento (huracán, siroco, mistral) que pasan por el instrumento de Armstrong para producir diversas tonalidades musicales.

> Qué bello resultaba el estremecimiento
>
> producido por el roce
>
> de los huracanes contra el metal,
>
> de los cálidos
>
> vientos del Sur, y luego del helado
>
> austral, que dio la vuelta al mundo.
>
> El viento solano llegó lleno de luz
>
> salpicando de sol y de verano.
>
> El siroco dejó un poco de arena,

y el mistral

era casi silencio,

igual que los alisios. (177)

Esta exclamación se convierte en la cuarta estrofa en un apóstrofe a los lectores, con quienes el poeta desea compartir esta experiencia sensorial de la música que, además de su dimensión eólica, posee también elementos cromáticos y marinos: "trae gotas de azul / y deja / sobre la piel / la húmeda caricia del salitre" (177). De manera un tanto brusca e inesperada, la última estrofa del poema se vuelve sobre el trompetista, recogiendo su reacción a un súbito grito que interrumpe su interpretación, seguida por una imagen de evidente inspiración surrealista que cierra la composición de forma sorprendente con un golpe de efecto eminentemente visual:

Un grito agudo interrumpió la melodía.

El artista, extrañado,

agitó su instrumento,

y cayó al suelo, yerta, rota,

una brillante y negra golondrina. (178)

El saxofón, al igual que la trompeta de Armstrong, sigue percibiéndose como metonimia del jazz, y en el poema que abre la colección *Blanco Spirituals* (1967), del merideño Félix Grande, se convierte en vehículo de una reflexión sobre el carácter universal del sufrimiento. Juan Ignacio Guijarro sitúa a Grande "a caballo entre los autores de los cincuenta y los Novísimos" (350) y Manuel Rico inscribe su poemario en una tradición que parte del *Poeta en Nueva York* de Lorca, atendiendo a su temática y a su localización en un medio urbano hostil y alienante: "La ciudad de la era del consumo. . . es el escenario por el que deambula el poema. Sus servidumbres, sus efectos sobre la realidad cotidiana del hombre, establecen un magma casi monstruoso en el que el poeta y sus personajes sobreviven. . . . Se trata, además, de una ciudad sin nombre—pese a que el lector advierta en ella rasgos reconocibles—, de un medio urbano que se erige en metáfora del universo" (34). El propio Grande ya había definido su concepción de la poesía como "comprometida con el pensamiento filosófico e histórico y libre en cuanto a la investigación de nuevas formas expresivas" (Rico 14), y esto se transparenta con total claridad en "Por los barrios del mundo viene sonando un saxofón", el poema que funciona como una suerte de prólogo a *Blanco Spirituals*. En él, la opresión, el dolor, el sufrimiento y la injusticia que expresan el jazz y los *spirituals*—y la música negra en general, podríamos decir—no se reducen a la experiencia vital de los afroamericanos que los interpretan, sino que se hacen extensivos a todos los individuos oprimidos en cualquier parte del mundo independientemente de su identidad racial. En la primera estrofa son los afroamericanos quienes, en oposición a la figura de un William Faulkner que recrea en sus obras un Sur mítico y fundamentalmente literario pero alejado de la realidad social, cantan sus *negro spirituals*, esas melodías que funden religión y sufrimiento:

los negros, muchos negros,

algunos negros, inflamados de

la horrible historia del Mississippi,

con la memoria chorreando

por el sudor del algodón

y varios siglos de negros abuelos

retumbando a sus pies bajo el tiempo y la tierra,

cantan, vense impelidos

a seguir componiendo

música entre paréntesis:

negro spirituals. (208)

Pero en la segunda estrofa son los blancos quienes aparecen como víctimas de la opresión en diversas partes del mundo—"Blancos segando arroz en Tarragona" (208), "Del Sena al Plata, del Támesis al Rin" (209)—y quienes entonan semejantes lamentos, que la voz poética, en un juego de palabras inteligente y expresivo, bautiza como *blanco spirituals*:

blancos desconcertados

se pliegan y se venden, borrachos

de vino y blancura injuriada;

siglos también de abuelos blancos

con sus ingenuos hospitales,

su herencia de monedas, sus bolsillos,

llenos de migas o sus sienes

llameantes de lucidez o de torsión,

hacen pensar en una música

con paréntesis, con incisos,

con bárbaros interrogantes,

con desconcierto, con corcheas de ojos,

mordentes de sarcasmo,

calderones de confusión,

accelerandos de vasto gruñido:

blanco spirituals. (210)

Se trata, como acertadamente ha observado Manuel Rico, de un personaje colectivo que reúne a los desheredados del mundo, más allá de diferencias geográficas, raciales o culturales: "El sueldo, la cultura, la libertad: tales son las posesiones de las que se ha visto privado, desde el principio de los siglos, el personaje colectivo que, junto al propio poeta, protagoniza el libro. Sobre esa evidencia se erige el *blanco spiritual* como una queja telúrica que prolonga y generaliza el *negro spiritual*" (32). La tercera estrofa se articula en forma de un apóstrofe al escritor afroamericano James Baldwin, cuya imagen encarna a este personaje colectivo que se representa en sus obras literarias y que, debido a su experiencia directa del sufrimiento infligido por una sociedad que lo rechaza, se inviste de un carácter universal:

tú lo sabes, James Baldwin:

también te necesitan

desclasado, desocupado, disponible

para usarte los brazos

a bajo precio. Extiendes

tu mirada en los barrios de Europa,

oteas los indios sudamericanos,

te achicharras sobre la India,

te sumes en las periferias

de las ciudades industriales

y ves hermanos de otras razas

discriminados, repudiados

en la otra piel del hombre: el sueldo,

en la otra piel del hombre: la cultura,

en la otra piel del hombre:

la libertad. (210-11)

En la última estrofa cobra especial protagonismo, finalmente, la música, y no solo el jazz, sino también la *chanson française*, el flamenco o el tango. Se dan cita en estos últimos versos músicos representativos de todos estos estilos, expresiones musicales que se nutren de este sufrimiento humano y lo reflejan a través de una visión artística, a través de un lenguaje musical que se presenta como universal:

De Charlie Parker a Edith Piaf

un diluvio de negro spirituals

y de blanco spirituals llueve

sobre la civilización;

llueve Piaf, llueve Parker, llueven

Manolo Caracol, Louis Armstrong,

Discépolo, John Coltrane, Billie Holiday. (211)

Esta polifonía de voces musicales se describe como una suerte de diluvio, y la voz poética subrayará, hacia el final, que esta lluvia torrencial cae "mientras que suena un saxofón" (212), incidiendo una vez más en el papel central de un jazz que se desliza en los versos de todo el poema a través de las múltiples repeticiones, las constantes anáforas y las extensas enumeraciones que marcan el ritmo de la composición.

Pese al evidente interés que un buen número de poetas muestran por el jazz en los años sesenta y setenta, la mayoría solo le dedican composiciones ocasionales dentro de sus poemarios. No será hasta los años ochenta cuando comencemos a encontrar colecciones enteras estructuradas en torno a esta música, con la excepción notable de *Música de baile* (1967), un libro poco conocido que el guipuzcoano Gabriel Celaya publicó en la editorial barcelonesa El Bardo. Más reconocido por la vertiente social y combativa de su poesía, Celaya se desmarca aquí de esta temática por completo y profundiza en su pasión por la música popular, celebrando géneros como el vals, el tango y el merengue, pero colocando en un lugar privilegiado al jazz, al que dedica tres de las seis secciones de las que se compone el poemario. Juan Ignacio Guijarro señala que la atracción de Celaya por el jazz "probablemente se remonte a su estancia de varios años en la Residencia de Estudiantes" (56), y aunque esta música reaparece de vez en cuando en su obra, en *Música de baile* juega un papel central. Ya en el primer poema Celaya ensaya una definición del jazz, empezando por una descripción del sonido de cada uno de los instrumentos que lo interpretan para centrarse después en los múltiples sentimientos de soledad, amor o locura que dichos sonidos inspiran en el oyente:

Un cálido sonido sube lento,

gorgotea en el saxo casi, casi asfixiado.

El piano da diente con diente, y le acompaña,

llorando y delirando, la trompeta.

La batería suena, ya fuera de este mundo,

y el violón si llora es detrás de algún muro.

Estoy tan solo, amigos, como ese clarinete,

y tan enamorado como el trombón de varas.

Estoy tan loco, amigos, como la batería,

y tan lo que no digo como el contrabajo,

mientras suena el piano tecleando un secreto. (393)[3]

En diversas ocasiones, la voz poética trata de reflejar con palabras lo que es el jazz, de trazar una definición lingüística de esta música, descrita como "este cósmico ritmo / de la totalidad" (402), y, de forma un tanto idealista, como un vehículo para expresar a través de las notas todo aquello que no puede expresarse a través de las palabras:

¿Y quién expresa la vida

mejor que el jazz? ¡Jazz, jazz, jazz!

Grito, canto o lamento:

la poesía real.

Unidad de los hombres

de todo el mundo: paz.

Unidad de los seres

de toda especie: paz.

Es la voz de la vida

y el dolor general

no expresado en palabras

que manifiesta el jazz:

---

3 Las citas de *Música de baile* se extraen de la edición que figura en la sección bibliográfica de este libro.

un cornetín en el limbo,

un contrabajo quizá,

pero no la voz del hombre.

Algo que es menos y es más.

Sin palabras ni razones,

algo mucho más real

nacido desde una entraña

brutamente genital.

Pues, ¿para qué hablamos tanto?,

pienso cuando escucho el jazz.

En sus ritmos, ¿no resurge

algo cósmico-ancestral? (402-03)

A menudo, los versos de Celaya se vuelven aliterativos, como en su descripción del piano tocado por un músico ciego en la que casi escuchamos las notas: se presenta como un piano "desbaratado a locas, pensado gota a nota, / nota a gota en lo serio" (397), con un quiasmo muy musical que recrea el repiqueteo de las teclas. Las continuas repeticiones, anáforas y onomatopeyas suelen acentuar el ritmo desenfrenado y contagioso del jazz, ligado—como ya el título del poemario sugiere—al baile, como en el caso del séptimo poema de la primera sección, en el que el nombre mismo del estilo musical funciona como onomatopeya que marca el ritmo sincopado de los versos:

¡Jazz!

Aunque no me levante,

¡jazz!,

ya se ha puesto a bailar,

¡jazz!,

mi locura posible, mi...,

¡jazz!,

sol, se ha puesto a bailar,

¡jazz!,

alguien dentro de mí,

¡jazz, jazz!,

por eso te digo sí,

¡jazz!,

mi, sol, si,

¡jazz!

Ya es casi demasiado,

¡jazz, oír!,

pero no es bastante,

¡jazz!

Para entender, hay que bailar. (399)

Pero más allá de la descripción en clave poética del jazz y del efecto que provoca en los oyentes, un *leitmotiv* que se observa de principio a fin del poemario es la expresión de la dificultad y casi imposibilidad de definir con palabras y de forma racional lo que es el jazz, cuyo sentido es escurridizo y complicado de fijar a través del lenguaje:

Soy normal. Si uno piensa, todo resulta raro.

Si uno escucha o si baila, el *jazz* lo pone en claro.

No es cuestión de razones. Es cuestión de principios.

No hablemos más. No hablemos. Volvamos al instinto de este ritmo. (398)

Por esta razón, Celaya prefiere celebrar el jazz atendiendo a la experiencia sensible y personal, haciendo a un lado—y en esto recuerda a veces a Gómez de la Serna—cualquier intento de definición intelectual de una música que debe disfrutarse más que analizarse académicamente. Así, al hablar de "ciertas voces negras, roncas, / calientes, cancerosas, trastornadas" que cantan algo "que ya no cabe llamar sólo canción", la voz poética presenta el jazz casi como una experiencia mística, como una suerte de milagro inefable:

Entonces uno entiende lo real del milagro

porque todo es sencillo y a la vez es muy raro.

Entonces...

No voy a explicarlo.

Recuerden a Louis Armstrong. (400)

Celaya alude aquí de forma más o menos velada a una famosa frase atribuida a Satchmo según la cual todo aquel que tenga que preguntar lo que es el jazz o el *swing* jamás podrá llegar a saberlo. Como apunta acertadamente Guijarro, los versos de Celaya "suelen ser una gozosa exaltación de la capacidad de expresar emociones que posee el jazz" (55-56), y con *Música de baile* se inscribe en la tradición de poetas que relacionan íntimamente el jazz y el baile al tiempo que prepara el terreno para posteriores autores que dedicarán poemarios enteros a este género musical.

Como en décadas anteriores, en los años sesenta y setenta, la visión poética del jazz continuó estando claramente ligada a la experiencia sobre todo nocturna de la gran ciudad. La soriana Concha de Marco, ensayista y cuentista conocida por sus ensayos críticos desde una perspectiva feminista como *La mujer española del romanticismo* (1969) y por su labor como traductora de trabajos sobre historia del arte, empezó a publicar poesía en la década de los sesenta. En "Ragtime", poema recogido en la colección *Hora 0,5* (1966), lleva el jazz al espacio urbano de Nueva York, describiendo a través de breves pinceladas enumerativas el ambiente que se vive en un bar sórdido de dicha ciudad, en el que la banda sonora la proporciona el *ragtime* del título. En la primera estrofa nos encontramos en el interior del local, y de una manera casi cinematográfica, como si se tratase de una especie de cámara, la voz poética va deteniéndose en los objetos que allí observa, todos ellos descritos de una forma cruda que sugiere la frialdad y la desolación que encierra la escena:

> Botella de ginebra, flor de zafacón,
>
> con la chaqueta rota y las medias manchadas,
>
> una carta de amor mojada en bourbon,
>
> latas vacías de cenas solitarias,
>
> como la fría escarcha
>
> o el helado cadáver en el Hudson. (167)

En la segunda estrofa, la voz poética nos guía al exterior del bar, recogiendo los sonidos de las sirenas de la policía y los diferentes olores de comida, y deteniéndose ahora en una descripción cromática de las sombras deshumanizadas que se deslizan por las calles, en las que las luces artificiales de los semáforos se confunden con el blanco de la luna y el rojo de una sangre que remite a la violencia urbana:

> El viento encajonado fustiga los voltaicos,
>
> y las cruces de luz inalterables,
>
> verde de glauca luna,
>
> rojo de densa sangre. (167)

En la última estrofa, la voz poética vuelve a pasear su mirada por el interior del bar, descubriendo, ahora sí, la presencia humana que, en buena medida, se nos aparece como deshumanizada tanto en la figura de una vieja mujer afroamericana como en la de un guardia a quien se compara con una pieza de ajedrez.

En la mesa del bar la negra vieja

amoratada, tumefacta y tierna,

bebiendo su café rociado en lágrimas.

Snack de neblinosa duermevela

y el guardia vigilante por la acera

erguido como torre de ajedrez. (167)

Y aunque nunca se menciona en ninguno de los versos del poema, el jazz, ese *ragtime* que le da título a la composición, preside esta escena desoladora en la que los seres humanos se nos presentan como individuos abocados a un futuro sin la más mínima esperanza.

De manera semejante, la sevillana Julia Uceda nos traslada al medio urbano neoyorkino en su breve poema "Ciudad", incluido en la colección *En el viento, hacia el mar*, que recoge su poesía completa entre 1959 y 2002 y que le valió el Premio Nacional de Poesía. Uceda, que ejerció la docencia en la universidad estadounidense de Michigan State antes de asentarse definitivamente en Galicia, construye este poema de tan solo ocho versos como una extensa frase descriptiva en la que la voz poética nos traslada sus impresiones visuales y sonoras del espacio urbano de Nueva York. Nos encontramos ante una descripción poética de una ciudad "verde y mojada / con frío en el corazón de la piedra" (179) que se convierte en un escenario en el que se dan cita diversas expresiones culturales surgidas de diferentes medios y que se entrelazan en este contexto urbano, como es el caso de "una flauta andina" que se escucha en la lejanía y que se funde con el sonido de un "saxo en un bar de Nueva York" (179). Así, para Uceda, la música, sea del estilo que sea, resulta indisoluble de la experiencia urbana.

El ilerdense Jaime Ferrán, relacionado con la Generación de los años 50 en Barcelona y destacado traductor, novelista y ensayista además de ser autor de una notable obra poética, comparte con Uceda su labor como docente universitario en los Estados Unidos, que ejerció durante muchos años. Fue precisamente en Norteamérica donde se publicó su poemario *Poems for John Coltrane* (1969), en el que se recoge su "Coltrane Blues", que según Juan Ignacio Guijarro, "bien pudiera ser el primer homenaje de un escritor español al mítico saxofonista" (346). En este poema Ferrán busca transmitir incluso visualmente, la sensación producida por la innovadora música modal y atonal que suele asociarse con Coltrane. Así, inscribe primero al saxofonista en una tradición musical cuyas raíces se encuentran en Luisiana y más específicamente en la Basin Street de Nueva Orleáns, iniciando el poema con un tono bíblico,

"En el principio fueron el ritmo y la tristeza" (182), dos componentes primigenios de una música nacida del trabajo y del dolor de toda una raza. Dentro de esta tradición, Coltrane busca, saxo soprano en mano, nuevos caminos musicales que le permitan trascender la tradición de la que parte, protagonizando una revolución que es, en un primer momento, musical pero que irá adquiriendo dimensiones más allá de lo artístico para acoger elementos raciales, sociales y políticos:

> mucho después
>
>   vino del fondo del alma mutilada
>
> un impulso ascendente
>
>   Mística pura.
>
>   El ritmo
>
> ya no desenfrenado
>
>   sirve al fervor,
>
>   se pone de rodillas
>
> y durante diez años
>
>   —desde mil novecientos
>
> cincuenta y siete—
>
>   el saxofón soprano
>
> de John Coltrane
>
>   nos muestra
>
> un camino olvidado. (182)

Aunque el primer disco de Coltrane en el que se usa el saxo soprano de forma mayoritaria es *My Favorite Things*, grabado para Atlantic en 1960 —tres años después de la fecha que indica Ferrán en el poema—, no hay duda de que este instrumento, que introducirá al saxofonista en su etapa más innovadora de experimentación con la música modal y atonal, supone un punto de inflexión clave en la obra del músico de Carolina del Norte. En este poema, Ferrán presenta la música de Coltrane como una constante y casi obsesiva búsqueda de la innovación, como un empeño en la apertura de nuevos caminos, un quehacer artístico en el que el saxofonista termina invistiéndose de un estatus casi místico, como si se tratase de una suerte de profeta musical que lleva su arte hasta el límite de sus posibilidades expresivas. El poema tiene una estructura claramente circular, y termina con dos versos, "En el principio / fueron tan sólo el ritmo y la sorpresa" (183), en los que la sustitución de la *tristeza* por *sorpresa* ahonda en las cualidades profundamente personales y místicas de la propuesta musical de Coltrane, que parte de una tradición específica para acabar por trascenderla.

También el cordobés Manuel Álvarez Ortega elige una banda sonora específica para uno de sus poemas, "*West End Blues* en la noche", aunque en este caso no se trate de un músico en particular, sino de una composición, el "West End Blues" de King Oliver y Clarence Williams, conocido sobre todo por la versión ya clásica que Louis Armstrong grabó en 1928 para el sello Okeh y que se inscribe en las influyentes sesiones lideradas por el trompetista bajo la denominación general de Hot Fives y Hot Sevens. La obra de Álvarez Ortega—cuyo hermano Rafael destacó también como pintor y poeta—está marcada profundamente por la poesía de los grandes simbolistas franceses cuyos versos antologó y tradujo. En este poema, incluido en el poemario Carpe diem (1972), convergen los ecos del simbolismo con los del jazz, que descubrió "por casualidad en 1950 cuando hacía la Milicia Universitaria en Marruecos" (Guijarro 336). La composición se abre con una alusión al estruendo de la música en términos metafóricos—"Concertado el trueno / y el relámpago" (180)—que deja paso a todo tipo de preguntas retóricas y a una insistente retahíla de símbolos nocturnos y siderales que iluminan las impresiones de la voz poética ante la escucha en la noche de la música de Armstrong, a la que se dirige frontalmente en varios apóstrofes que subrayan su tristeza y desolación:

Hoy vuelves a mi casa: el piano,

los saxos y las trompetas huelen

el gas de las lámparas, el hollín de los años

escribe su verdad, oigo

tu cabeza apuntalada por los signos, el seno

abierto en medio de las fábulas

que conciertan las edades.

A punto de morir,

la noche en su oscuro hotel

se descalza, el mar es una libélula ciega

que quema los colores de sus alas,

conjuro el muelle, caz de tiza

el adarve. (180-81)

La música de la trompeta de Satchmo funciona en todo momento como contrapunto de esta sensación de soledad que embarga a una voz poética que reconoce la inevitabilidad del paso del tiempo, hasta que en la última estrofa, apoyándose precisamente en el poder evocador y vitalista de la música, el poeta concluye que sin ella la muerte sería preferible: "Si no vale un viejo *blues* esta noche, / lejos del paraíso y sus lúcidas vírgenes, / grata me fuera la muerte" (181).

La musicalidad es una de las características propias de la poesía del gaditano Fernando Quiñones, cuya obra comprende varios géneros y en cuyo poema "Crónica del tango y la finadita" convergen varios estilos musicales. Recogido en su libro *Las crónicas americanas* (1973), se trata de un poema en el que el jazz se da la mano con el tango, como deja claro ya el título, y con el flamenco, que es otra de las pasiones de Quiñones, En primer lugar, el texto valora la importancia que las grabaciones sonoras registradas por "Mrs. Técnica" revisten para la documentación y la pervivencia de la música como expresión cultural:

> Del material grabado, ¿qué se obtuvo?
>
> 10 o 12 minutos redondos.
>
> Como en el jazz grande, aventura
>
> idéntica que todo alcance las montañas:
>
> sólo podemos cuidar los medios y un ambiente
>
> donde hacer entender
>
> que estamos de verdad en lo mismo,
>
> que en cierta forma somos ellos. (189)

Aunque las sesiones de grabación entrañen siempre una cierta artificiosidad y no puedan ser completamente naturales, suponen la única manera de preservar una música que, de otra forma, se perdería y de la que quedaría una constancia solamente escrita en un pentagrama, razón por la cual resulta primordial crear un ambiente propicio en dichas grabaciones para la expresión artística de los músicos, ya sean de jazz, tango o flamenco. En este sentido, el poema incluye referencias a grandes nombres dentro de estos géneros musicales, como Antonio de Mairena, María Esther, Charlie ("Carlitos") Parker, Gato Barbieri o esa sorprendente fusión nominal del cantante flamenco Manolo Caracol y el saxofonista John Coltrane que es "Caracoltrane" (189), dando a entender que, más allá de las etiquetas fabricadas por la industria y por la crítica, existe una suerte de universalidad en la música, que crea sus propios mitos, como Carlos Gardel—ese "dios muerto en el 35" (190) que menciona la voz poética—o el mismo Parker. Toda esta mitología surge de la música aunque acabe trascendiéndola y se preserva y perpetúa, en parte, gracias a la intervención de la tecnología, que la hace impenetrable al paso del tiempo, como se refleja en los últimos versos del poema:

Mirad como la luz en canto nos fundiera.

Tango, cante, tierra central.

Ellos lo significan, lo traslucen

todo, oh reducto, henchida

torre trémula, música

de las generaciones. (190-91)

Más conocido como crítico musical, Alfredo Papo escuchó y escribió sobre incontables grabaciones fonográficas. Natural de Tarragona, Papo se destacó como uno de los principales nombres de la crítica de jazz catalana, muy activo en el Hot Club de Barcelona y posteriormente autor de estudios pioneros y venerables como *El jazz a Catalunya* (1985). También fue poeta ocasional y contribuyó composiciones poéticas, por ejemplo, al libro *Jazz para cinco instrumentos* (1975), un volumen en el que los poemas acompañan a fotografías de músicos de jazz y de *blues*. El titulado "Cootie Williams" está dedicado al gran trompetista de Mobile, Alabama, conocido sobre todo como integrante, durante muchos años, de la orquesta de Duke Ellington, con la que había visitado España junto a Ella Fitzgerald en 1966. Este poema es un apóstrofe al propio Williams, en seis versos breves que describen sucintamente su estilo potente a la trompeta comparándolo con "el trueno", presentándolo como un sonido que "llama al rayo" y que, en última instancia, "es como la Venganza" (174). La progresiva intensificación de los medios en que Papo describe la trompeta de Williams recuerdan la creciente intensidad de muchos de los solos de este *jazzman* legendario, como por ejemplo los que se contienen en el famoso "Concerto for Cootie", una pieza que Ellington compuso específicamente para él y que se grabó por primera vez en 1940 para el sello Víctor, con el propio Williams como solista principal.

El jazz tiene también protagonismo en la obra poética de algunos de los autores reunidos por el crítico J. M. Castellet bajo la etiqueta común de *novísimos* en su influyente antología *Nueve novísimos poetas españoles* (1970). Se trata de un grupo heterogéneo de poetas por entonces jóvenes, nacidos después de la conclusión de la Guerra Civil, cuyos planteamientos poéticos demuestran, según Castellet, la existencia de una fuerte ruptura dentro de la tradición de la poesía española durante los años 60 y que se intensificará posteriormente en los 70:

los planteamientos de los jóvenes poetas ni tan siquiera son básicamente polémicos con respecto a los de las generaciones anteriores: se diría que se ha producido una ruptura sin discusión, tan distintos parecen los lenguajes empleados y los temas objeto de interés. En todo caso, ha podido verse, después, que dichos planteamientos son sólo parcialmente nuevos, por cuanto en algunos aspectos consisten, precisamente, en una tentativa de revivir ciertas concepciones de la poesía—incluso contradictorias entre sí—que habían sido olvidadas o combatidas por los poetas anteriores. (15-16)

Castellet enfatiza la importancia de la mitificación que, en la época contemporánea, se lleva a cabo y se transmite a través de los medios de comunicación de masas, y en el prólogo a su antología, identifica una serie de características que comparten los *novísimos* que recoge en el volumen y que incluyen una creciente despreocupación por las formas poéticas tradicionales, la utilización de la escritura automática, la elipsis, la sincopación y el *collage*; la introducción de elementos exóticos y artificiosos; o la revalorización de todo lo que pueda considerarse *camp*, entre otros aspectos notables. En las obras de todos estos poetas se dan cita múltiples referencias a la cultura popular, algo que no se le escapa a Castellet, que observa "la fuerte influencia de temas y mitos norteamericanos contemporáneos, producto más que de lecturas (y algunas han sido muy influyentes: Henry James o Scott Fitzgerald) del cine, la TV, la publicidad y los *cómics*" (43). Y es, precisamente, entre este torbellino de influencias culturales de factura estadounidense y de carácter popular que encontramos en los textos de un grupo de poetas marcadamente culturalistas, donde emerge con fuerza el jazz, visto ya no solamente como una expresión artística o musical, sino también, como acertadamente explica Juan Ignacio Guijarro, como creador de toda una mitología muy definida que se reflejará en los poemas de algunos de estos escritores:

En estos años se puede apreciar la consolidación paulatina de una mitología del jazz en las letras españolas, dado que unos músicos determinados se van a convertir en recurrentes hasta hoy día. Por lo general, suele tratarse de mitos jazzísticos cuya imagen viene marcada, además, por un fuerte componente autodestructivo y, por ello, encajan a la perfección en el perfil del artista *maldito* de la modernidad. De ahí que no resulte extraño que en los versos de los Novísimos aparezcan referencias a dos leyendas: el saxofonista Charlie Parker, por un lado, y la vocalista Billie Holiday, por otro. Tanto Parker como Holiday han pasado a la historia no sólo por su inconmensurable talento musical, sino también por su demoledora relación con el alcohol y las drogas, es decir, por ser figuras trágicas análogas a lo que Francis Scott Fitzgerald encarna en las letras estadounidenses del siglo XX. (67)

Este acendrado culturalismo, que "se manifiesta en una profusión de citas de toda índole, entre las que se cuentan numerosas referencias al jazz" (Guijarro 335), es una constante en la obra de José María Álvarez. Nacido en Cartagena, Álvarez describe el proceso de escritura como "una especie de juego. La Ruleta Rusa, por supuesto", y cuando Castellet le solicita que escriba una autopoética, él responde precisamente con una anécdota jazzística relativa al saxofonista Johnny Hodges: "Me acuerdo de aquella noche en que tocaba Johnny Hodges. Y un curioso le preguntó que cómo tocaba. Entonces Hodges se quedó mirándolo, cogió el saxo, y empezando JUST A MEMORY, dijo: *Esto* se toca *así*" (Castellet 109). Como la mayor parte de sus textos, el poema "Persecución y asesinato de Billie Holiday" (1966) viene precedido por sendas citas de Alejo Carpentier y Leopoldo Lugones sobre la idea de soledad, que se reflejará a lo largo de toda la composición. Sus cuatro estrofas son, en realidad, una reactualización del tópico clásico del *ubi sunt*, introducida por un verso en francés de François Villon—"*Dictes-moy où, n'en quel pays*" (231)—pero referida no a una idea abstracta o a una amada concreta, sino a las figuras de grandes cantantes femeninas de jazz, *blues*, pop, ópera, copla o *chanson française*. Así, el poema se convierte en una serie de preguntas retóricas con valor dramático sobre el paradero o el sino de artistas como Marlene Dietrich, Blue Lu Barker, Edith Piaf, Judy Garland, María Callas, Concha Piquer, Zarah Leander o Billie Holiday, "la doncella de los burdeles, que asesinaron en New York" (232), con una repetición insistente de ese "¿dónde están?" y una reflexión sobre el público de dichas vocalistas, en el que se incluye el propio poeta, al repetir la pregunta "Y nosotros que tanto las amamos?" (231). En la penúltima estrofa, todas estas preguntas se transforman en un apóstrofe a la "noche soberana" (232), que, siguiendo la convención clásica del *ubi sunt*, dejará todas estas preguntas sin respuesta. También el texto "Este poema no tiene título" (1966) contiene citas prefatorias, en este caso de Nicolás Guillén y del dramaturgo sueco Josef Kjellgren. Se trata, eso sí, de una composición mucho más breve y más experimental, en la que la voz poética se presenta como "condenadamente loco como / Charlie Parker" (232), ejemplo de la mitologización que realizan algunos *novísimos* basándose más en la figura popular que en la música de ciertos *jazzmen*. Pero la música de Parker tiene también importancia en este poema, que se articula a través de frases entrecortadas y en ocasiones aparentemente sin sentido que apuntan a la estructura sorprendente e inesperada de las líneas melódicas del *bebop*, frases que, por cierto, no siempre parecen tener conexión o relación lógica entre sí:

Camino

Por la ciudad Entro

Por costumbre en un bar

Cómo se maldice

Desde este domingo

Oh amor has fornicado aproximadamente. (232)

Sin duda más conocido popularmente por su obra narrativa y por su trabajo periodístico y ensayístico, el barcelonés Manuel Vázquez Montalbán es también un notable poeta, preocupado siempre por reivindicar y revalorizar la cultura popular, y sobre todo el cine y la música, en el conjunto de su voluminosa obra. Como aficionado al fútbol, no puede evitar recitar una alineación del Barça en la autopoética que le solicita Castellet, antes de concluir con sorna.: "Creo que la poesía, tal como está organizada la cultura, no sirve para nada. Sospecho que no sirve para nada en ninguna parte. Pero la irregularidad histórica española me obliga a aplazar un juicio universal"

(57). Más allá de su utilidad o inutilidad, la poesía supone para Vázquez Montalbán un vehículo para la celebración de todo un universo surgido de la cultura popular en el que el jazz se inviste de un papel principal. Tal es el caso de "Jamboree", composición incluida en el poemario *Una educación sentimental* (1967), que evoca el ambiente nocturno del Jamboree barcelonés, uno de los clubes de jazz de mayor prestigio en la España de los años sesenta y que, como ya hemos visto, cerraría sus puertas hacia el final de esa década. Ya desde la imagen de la cantante en los primeros versos, todo el poema está empapado de jazz y de todo tipo de referencias culturales, presentadas a través de ágiles pinceladas cercanas al impresionismo:

> La muchacha era negra y cantaba
>
> una experiencia agridulce, metálica
>
> de micrófono, metálico el hierro usado
>
> en la penumbra del vaso opaco
>
>   gin
>
> y manos espontáneas abofeteándose
>
> en la bromúrica África europea del sábado
>
>   Baudelaire
>
> estaba detrás del frenesí de las caderas
>
> cadenciosas de muchachas emancipadas
>
> abiertas al sol nocturno del saxo. (226)

Como puede observarse, se alternan versos más extensos con otros muy breves, logrando así una cadencia rítmica que trata de reflejar el pulso del jazz que se escucha a lo largo del poema. Vázquez Montalbán también realiza una descripción panorámica del público asistente al Jamboree, entre el que se encuentran soldados y marinos estadounidenses presentados, eso sí, de una manera mucho más positiva que en el texto ya comentado de Blas de Otero. Se introduce, asimismo, una alusión a una melodía en particular, el "Remember When" del compositor alemán Bert Kaempfert, y descubrimos en los versos finales que la muchacha afroamericana a la que se alude al principio y que interpreta este tema no es otra que Gloria Stewart, vocalista habitual en el club barcelonés, cuya voz se compara nada menos que con la de la gran Ella Fitzgerald y en la que concluyen la música, la literatura y el alcohol:

>   y
>
>   abajo
>
> —en Jamboree—la triste risa negra de Gloria

nocturna como su piel y su voz de Ella

Fitzgerald tímida, nos hacía inteligentes

de libros y cuba libres, comprobando

que

tampoco había sido aquel el octavo,

el tan esperado octavo día de la semana. (226-27)

Seis años después, en el poemario *A la sombra de las muchachas sin flor* (1973) se recoge un poema en el que Vázquez Montalbán sintetiza el jazz y el mundo del cine negro. Con el tiempo, el escritor catalán firmaría una serie de muy populares novelas negras protagonizadas por el detective Carvalho, y siempre demostró un enorme interés por un género literario y cinematográfico que, por lo demás, desde sus comienzos ha tenido una estrecha relación con el jazz. Así Miles Davis compuso la banda sonora de la película francesa *Ascenseur pour l'échafaud* (1958), dirigida por Louis Malle, y Duke Ellington rubricó las partituras de *Anatomy of a Murder* (1959), de Otto Preminger, entre muchos otros ejemplos posibles. El poema de Vázquez Montalbán se abre ya con "un solo de saxo / de jazz antiguo" (222) cuya melodía ágil se refleja en los versos que siguen, que narran de una manera elíptica y claramente cinematográfica la escena del disparo realizado por el gánster del título y puntuada por alusiones musicales y onomatopéyicas:

la negra lenta

se acerca por el túnel del bombo

y nunca llega a nuestros labios

el agua color paraíso de los platillos

la negra lenta se detiene

bang

disparó el gángster de labios húmedos

aquel que nunca llegará a viejo. (227)

Otro de los poetas antologados por Castellet como *novísimos* que otorgó protagonismo al jazz en su obra es el barcelonés Pere Gimferrer, sin duda uno de los autores de mayor relevancia de la segunda mitad del siglo XX, tanto en español como en catalán. La importancia que para Gimferrer adquieren el jazz y la cultura popular en general en su proceso creativo queda muy clara en la autopoética que escribió para la antología de Castellet, en la que afirma al respecto:

Suelo escribir escuchando jazz, o bien la radio, y ésta indiscriminadamente, o casi. Tengo casi siempre presente alguna referencia cinematográfica, aunque luego muchas veces no llega al lector, pues su función era simplemente la de ayudarme a mí. Me gusta la palabra bella y el viejo y querido utillaje retórico. Suelo proceder por elipsis; es decir, que de una primera redacción más extensa de mis poemas elimino los nexos de asociación de ideas. Éste, y el rítmico, son los criterios que principalmente guían mis supresiones. Incorporo al texto, con un sentido distinto, cualquier cita o referencia que se me aparezca como naturalmente sugerida. (153)

Precisamente la elipsis y el ritmo son dos elementos principales en "Canción para Billie Holiday" una composición recogida en el volumen *Poemas: 1963-1969* (1969), ya desde esos primeros versos que remiten a la muerte de la gran cantante de Filadelfia:

> Y la muerte
>
> > nadie la oía
>
> pero hablaba muy cerca del micrófono
>
> Con careta antigás daba un beso a los niños. (239)

A partir de ahí, el poema se articula en la forma de un apóstrofe a Lady Day, el apodo con el que se conoce popularmente a Holiday, y que se repite varias veces a lo largo del texto como elemento que ayuda a subrayar el ritmo. Las referencias a canciones asociadas con Holiday, como "I Cover the Waterfront" o, en especial, "Strange Fruit", revelan el conocimiento que Gimferrer tiene sobre la obra de la vocalista, y las alusiones más o menos veladas a su figura y a pasajes de su biografía son muy numerosas. La falta de puntuación, además, contribuye por momentos a acelerar el *tempo* de un poema lleno de exclamaciones y de imágenes de enorme poder visual que ilustran hondas reflexiones sobre la muerte, el desvanecimiento de la juventud, el inevitable paso del tiempo o el valor de la experiencia, expresadas todas ellas de una manera fulgurante, por veces vertiginosa y sorprendente, como si se tratase de una improvisación jazzística inspirada por la figura mitificada de Lady Day:

> Lady Day el amor como una libélula
>
> cazador de libélulas
>
> Lady Day qué despacio nos viene la experiencia todo cobra un
>
> sentido se ordena como el paisaje en los ojos cuando recién
>
> despiertos corremos las persianas
>
> o intentamos ordenar las palabras de un
>
> > poema
> >
> > Lady Day

Animales heridos en el bosque nuestros ojos qué piden qué desean

qué desea esta voz en el viento de otoño un lebrel o su presa

disueltos en la fría oscuridad del tiempo. (239)

La idea de la muerte, como ya indica su título, da forma a "Elegía", composición inserta en el mismo poemario ya mencionado, en la que el poeta ahonda en el momento mismo en el que le sobrevendrá la muerte. La voz poética imagina dicha experiencia en el espacio de una clínica y la describe en términos opuestos a su experiencia vital, es decir, como un estado de serenidad frente a lo insondable de "esta vida que nunca llegaré a interpretar" (240). En este contexto fúnebre imaginado por el poeta, el jazz, representado por "las canciones lentas de Nat King Cole / un saxofón un piano los atardeceres en las terrazas bajo los parasoles" (240), contribuye con su presencia a la creación de ese ambiente de serenidad y reposo que se asocia con la muerte.

Las páginas del volumen de memorias *Jazz y días de lluvia* (2002) dan cuenta de la atracción por el jazz que siempre ha sentido uno de los *novísimos* que con mayor insistencia ha deslizado esta música en su obra; el albaceteño Antonio Martínez Sarrión. En ese libro autobiográfico resulta evidente el culturalismo del que suele hablarse en relación a este grupo de poetas, ya que Martínez Sarrión conjuga hábilmente todo tipo de referencias musicales, literarias, pictóricas y cinematográficas y confiesa su "devoción por el viejo *dixie* de New Orleans, por la dorada época de las *big bands*, por las finas sinuosidades del *swing*, levadura con la que pujan todos los sueños, los de los músicos de casas de putas y entierros negros que ya fueron, los de Woody Allen, los míos, los del futuro. Johnny Hodges, con Ellington o sin él, es un ángel que manejaba el saxo alto con la misma levedad y frescura que Matisse o Dufy el pincel o el carboncillo" (178). A esto hay que añadir su gusto por autores que, en la autopoética que escribe para la antología de Castellet, describe como "verdaderos poetas malditos en nuestro idioma" (89)—que son Oliverio Girondo, Luis Cernuda y Octavio Paz—, así como por los versos de T.S. Eliot, Ezra Pound y los surrealistas franceses. Asimismo, Martínez Sarrión destaca su "interés por otras formas culturales, no literarias en sentido estricto, muy evolucionadas y de sorprendente madurez y exigencia" (89), entre las que se encuentran el cine, la pintura, el cómic o la música *folk*, el *blues* y el jazz. En su poemario *Pautas para conjurados* (1970) se recogen precisamente dos composiciones que demuestran no sólo su pasión por el jazz sino también su amplio conocimiento sobre su historia y sus intérpretes. Ya en el volumen de memorias anteriormente citado, el poeta anunciaba que "a mí el jazz me ha dado por autores más que por estilos" (178), y así, "Ahora es el momento" nace a partir del tema "Now's the Time", que el saxofonista Charlie Parker grabó para el sello Savoy en 1945 y que posteriormente obtendría un notable éxito como "The Hucklebuck", con letra de Roy Alfred. Con un tono ágil y coloquial y, al igual que en los poemas de Gimferrer ya comentados, eliminando la puntuación para subrayar el ritmo vertiginoso, la

voz poética rememora en la primera estrofa la juventud en términos de despreocu-
pación, hedonismo y excesos:

en aquellos inicios de la vida discente

el amor: serpentinas

próceres de latón en las columnas altas

por cierto trasnochábamos tila a veces

para el borracho de la tuna rondábamos

amores poco claros

                de putas

sí de putas buena idea patios

mojados por el rocío palmeras

verdosas contra el alba ¿bandurrias o laúdes?

qué más daba. (222)

En contraposición a todo esto, en la segunda estrofa se refleja el presente ("ahora"),
y el *tempo* del poema se ralentiza, dejando paso a una existencia taciturna y carente
de toda emoción, caracterizada por "las lentas tardes las gastadas voces / los gas-
tados abrazos unas frases cogidas / al vuelo sin nadie ya sin nada" (222). La melodía
de "Now's the Time" a la que alude el título irrumpe en la última estrofa, en la que el
poeta trata de imitar el característico *riff* parkeriano, mencionando incluso el ritmo de
la batería de Max Roach, que tocaba en la grabación original del quinteto de Parker,
que también incluía a Miles Davis, Dizzy Gillespie y Curley Russell. Pero a pesar de la
emoción y de la energía que inspira esta música, en los últimos versos queda claro
que no nos encontramos ante el momento de realizar nada memorable, sino que
la melodía del saxofón de Parker, aunque sea pegadiza y esté llena de vitalidad, en
realidad marca el momento en que se cierra el club de jazz y acaba convirtiéndose
en la constatación de que cada día que pasa nos acercamos, sin remisión, un poco
más a la muerte:

perdidos

       now's the time

                nada

más   nada

más que las sienes ardiendo

balcón hacia la noche navegantes

sin aguja imantada

rojas constelaciones con nombres de guerrero

la insistente presión de Max Roach

conciso duro enérgico porque sí

porque se alzó la niebla porque riegan y el dueño

ha de cerrar el club

y todos muertos. (223)

Esa misma idea de desesperación y de urgencia debido al paso del tiempo se percibe en "Speak-Easy", un poema que evoca el ambiente a menudo sórdido que reina en un *speakeasy*, uno de esos locales ilegales tan cinematográficos y tan indisociables del jazz en los que se servía alcohol de contrabando durante la Ley Seca en los Estados Unidos, y en los que la música, el juego y los placeres carnales se daban la mano. Se trata de una composición marcada por un tono de imploración, con esa repetición insistente de las palabras "por favor", y la banda sonora la aporta Jelly Roll Morton, uno de los pianistas más legendarios del jazz de Nueva Orleáns, ciudad jazzística por excelencia en la que se ambienta así el poema. La descripción del local se articula a través de gruesas pinceladas muy influidas por lo cinematográfico que subrayan el elemento musical y también la sordidez de un escenario en el que "la carne / se pudre por quintales" (224). Todo esto se intensifica especialmente en los últimos versos, introducidos también por esa insistente imploración, en los que la voz poética difumina los límites entre lo real y lo onírico:

por favor

esa muchacha negra esas tazas de *bourbon*

esos silbatos en la madrugada

ese coche que arranca sordamente

en el límite mismo de los sueños. (224)

El conocimiento sobre jazz en general y sobre ciertos *jazzmen* en particular que exhibe Martínez Sarrión se adivina también en la obra del valenciano Guillermo Carnero, otro de los etiquetados como *novísimos* por Castellet y un autor para quien "la poesía debe alimentar la imaginación, interesar en las pasiones y los movimientos del corazón, y dejar siempre en el aire una sugerencia" (Castellet 199-200). Esta concepción de la poesía queda clara ya en *Dibujo de la muerte* (1967), un primer poemario en el que destaca vivamente el culturalismo generalmente asociado con los poetas de su generación, y se intensifica, si cabe, todavía más en *El·sueño del Escipión* (1971), volumen que acoge uno de sus más notables poemas de cuño jazzístico. En "Cannonball Adderley conquista el Polo Sur", Carnero describe una ciudad totalmente silenciosa, en la que no penetra ruido alguno, una descripción puntuada por un léxico que remite insistentemente a la blancura, al silencio, a la frialdad y a la falta de movimiento:

> Ciudad sin eco,
>
> sólo dos labios mudos ulceran tu blancura
>
> en los altos cristales donde no late el viento
>
> ni rasga el rayo el aire
>
> ni presagian aristas la tormenta,
>
> ni sabe el horizonte en qué cono de nácar
>
> pliega sus alas muertas la negrura. (245)

La repetición del sintagma "Ciudad sin eco" en determinados momentos del poema, unida a un sinnúmero de imágenes de tono vanguardista que inciden en la idea de vacío y atemporalidad, subraya hábilmente esta atmósfera de quietud total de un paraje en el que "nada sustenta o rige / la exacta profusión de tus esferas / ni hay arena que cruja / en la pureza muda de tu espacio" (246). Pero incluso en esta geografía gélida y desolada que se asocia con el Polo Sur mencionado en el título, los dos labios mudos del saxofonista Cannonball Adderley podrían irrumpir para llenar de sonido el silencio de estas inhóspitas tierras polares, celebrando así la universalidad de una música, el jazz, que se ha ido extendiendo a todos los rincones del planeta:

> Sólo dos labios mudos
>
> rutilan en la altura como estrellas extintas,
>
> erigen
>
> en el duro fulgor del plenilunio
>
> la inerte floración de tus pestañas. (246)

Esta conciencia de universalidad del jazz que se observa en las composiciones de algunos de los *novísimos* se irá intensificando a medida que vayan avanzando los setenta y con el cambio de década, esta música irá adquiriendo todavía mayor presencia en los versos de posteriores generaciones de poetas que, de forma semejante a lo que ya había intentado Gabriel Celaya en *Música de baile* unos años antes, van a convertir al jazz en eje central de sus colecciones poéticas. Tal es el caso del melillense Miguel Fernández, fundador de la revista *Alcándara* y un poeta en cuya obra emerge con fuerza la huella del existencialismo. Como claramente sugiere su título, el jazz es el motivo principal de la creación poética de su libro *Del jazz y otros asedios* (1980), que Juan Ignacio Guijarro ha descrito acertadamente como una "secuencia de poemas . . . en los que dicho estilo musical opera como telón de fondo sobre el que reflexionar acerca de la existencia humana" (345). El tono existencialista es apreciable en el conjunto de unas composiciones que simplemente vienen numeradas, y en la titulada "Poema 14", Fernández ensaya una definición del jazz como una música en constante tensión dialéctica entre la organización y el caos, entre la melodía escrita y la improvisación:

El jazz es creación sobre el concierto.

¿Quién pues va a dirigir la melodía?

Si el banjo irrumpe en su clamor tronando

y todos le acompañan, lascivo el banjo es.

Líder del caos.

Clama la extenuación,

reina del éxtasis. (196)

A continuación, la voz poética reflexiona sobre el efecto que esta música vibrante ejerce sobre el público que la escucha, llegando a la conclusión de que el jazz posee una dimensión social, requiere de compañía tanto para su interpretación como para su disfrute:

El público se incendia en su alboroto

y canta.

A solas la canción siempre es tristeza,

mas dada en compañía es iracundia.

Himno se llama la figura,

antorcha. (196-97)

Esta idea del jazz como himno, como música compartida en comunidad, sugiere a la voz poética, en última instancia, el carácter combativo de su sonido, que convierte al jazz en una música que llama a la acción y a la lucha, y que exhibe un carácter combativo que a veces incita al activismo:

Noche has sido, oquedad sobre los mártires.

Calle abatida y juventud luchando.

Una ruina vaga y se detiene

por recoger la música que arpegia,

banjo mordaz, deshecho por las balas. (197)

Como hemos podido comprobar a lo largo de las páginas de este estudio, la visión que del jazz han transmitido los diversos autores y autoras que, a través del más de medio siglo aquí considerado, han deslizado los ritmos de esta música en sus versos ha ido sufriendo importantes modificaciones. Desde un jazz visto como una novedad ligada al baile por los vanguardistas de los años veinte y treinta hasta la concepción infinitamente más culturalista y compleja de los poetas de los sesenta o de los *no-vísimos* en los setenta, esta música no ha dejado de inspirar a escritores adscritos a diferentes corrientes literarias inmersos en contextos históricos y sociopolíticos divergentes. El propio jazz experimentó en todos estos años múltiples transforma-ciones –del jazz tradicional de Nueva Orleáns al *swing*, al *bebop*, al *hard bop*, a la *third stream*, al *free jazz*, etc.– que se fueron reflejando también en las composiciones poéticas comentadas a medida que los poetas iban adquiriendo un conocimiento más profundo sobre su historia, sus características musicales y sus intérpretes, e iban relacionándolo con otros intereses artísticos como el cine, la pintura o la propia literatura. En última instancia, el florecimiento que el jazz conoció en la poesía espa-ñola en los años sesenta y setenta no es más que el preludio de una verdadera cas-cada de composiciones poéticas de contenido jazzístico que se sucedería a partir de los años ochenta, concluido ya el franquismo y coincidiendo con la restauración de la democracia. Pero eso es ya una historia para otro momento, para otro libro que tal vez deba escribirse, como crípticamente decía Ira Gershwin en la letra de uno de los muchos *standards* que compuso junto a su hermano George, "maybe soon, maybe late".

Referencias bibliográficas

Ballesteros, Rafael y Julio Neira. "Introducción". José Moreno Villa. *Jacinta la pelirroja*. Madrid: Castalia, 2000: 7-72.

Carney, Court. *Cuttin' Up: How Early Jazz Got America's Ear*. Lawrence, KS: UP of Kansas, 2009.

Castellet, J.M. (ed.) *Nueve novísimos poetas españoles*. Barcelona: Península, 2010.

Celaya, Gabriel. *Música de baile*. José Ángel Ascunce, Antonio Chicharro y Jesús María Lasagabaster (ed.). *Poesías completas, Vol. II: 1961-1972*. Madrid: Visor, 2000: 389-454.

Davidson, Robert A. *Jazz Age Barcelona*. Toronto: U of Toronto P, 2009.

García Lorca, Federico. *Poeta en Nueva York*. Barcelona: Navona, 2016.

García Martínez, José María. *Del fox-trot al jazz flamenco: El jazz en España, 1919-1996*. Madrid: Alianza, 1996.

García Teijeiro, Antonio. *Na agonía dos outonos en silencio*. A Coruña: Ediciós do Castro, 2002.

Giménez Caballero, Ernesto. *Julepe de menta*. Madrid: Cuadernos Literarios, 1929.

Gioia, Ted. *The History of Jazz*. Oxford: Oxford UP, 2011.

Goddard, Chris. *Jazz Away from Home*. New York / London: Paddington Press, 1979.

Goialde Palacios, Patricio. "La urbe cosmopolita a ritmo de swing". *Musiker* 18 (2011): 497-520.

Goialde Palacios, Patricio. *Orígenes de la música de jazz en San Sebastián (1919-1936)*. Bilbao: Universidad del País Vasco / Euskal Herriko Unibertsitatea, 2020.

Gómez de la Serna, Ramón. *Ismos*. Madrid: Biblioteca Nueva, 1931.

Guijarro, Juan Ignacio (ed.). *Fruta extraña: Casi un siglo de poesía española del jazz*. Sevilla: Fundación José Manuel Lara, 2013.

Hughes, Langston. *The Collected Works of Langston Hughes, Vol. 1. The Poems: 1921-1940*. Ed. Arnold Rampersad. Columbia / London: U of Missouri P, 2001.

Jackson, Jeffrey H. *Making Jazz French: Music and Modern Life in Interwar Paris*. Durham, NC: Duke UP, 2003.

Jiménez Millán, Antonio. "La Generación del 27 y el jazz". *Litoral* 227-228 (2000): 181-96.

López de Haro, Rafael. *Fútbol... jazz-band. La Novela de Hoy*. Madrid: Sucesores de Rivadeneyra, 1924.

Martínez Sarrión, Antonio. *Jazz y días de lluvia*. Madrid; Alfaguara, 2002.

Maurer, Christopher. "Introduction". Federico García Lorca. *Poet in New York*. New York: Farrar Strauss Giroux, 1988: xi-xxx.

Moreno Villa, José. *Vida en claro*. México: Fondo de Cultura Económica, 1976.

Moreno Villa, José. *Pruebas de Nueva-York*. Ed. facsimilar. Valencia: Pre-Textos, 1989.

Moreno Villa, José. *Jacinta la pelirroja*. Ed. Rafael Ballesteros y Julio Neira. Madrid: Castalia, 2000.

Mullen, Edward J. *Langston Hughes in the Hispanic World and Haiti*. Hamden, CT; Archon Books, 1977.

Myers, Marc. *Why Jazz Happened*. Berkeley, CA: U of California P, 2013.

Newton, Candelas. *Understanding Federico García Lorca*. Columbia, SC: U of South Carolina P, 1995.

Pastor, Antoni Juan. *Juan Claudio Cifuentes: Una vida de jazz, una vida con swing*. Barcelona, Naaxpot, 2017.

Pujol Baulenas, Jordi. *Jazz en Barcelona, 1920-1965*. Barcelona: Almendra Music, 2005.

Ramos-Gil, Carlos. *Claves líricas de García Lorca*. Madrid: Aguilar, 1967.

Rico, Manuel. "Introducción". Félix Grande. *Blanco Spirituals / Las rubáiyátas de Horacio Martín*. Madrid: Cátedra, 1998: 11-106.

Sáenz, Miguel. *Jazz de hoy, de ahora*. Madrid: Siglo XXI, 1971.

Sidran, Ben. "Los espacios entre las notas: El músico de jazz como especie en extinción". Chema García Martínez. *Tocar la vida*. Madrid: Alianza, 2019: 15-20.

Townsend, Peter. *Jazz in American Culture*. Jackson, MS: UP of Mississippi, 2001.

El Jazz de los Versos. Banda sonora de este libro.